십간불여일독
十看不如一讀이요.
(열 번 눈으로 보기만 하는 것은 한 번 소리 내어 읽는 것만 못하고)

십독불여일서
十讀不如一書이다.
(열 번 소리 내어 읽는 것은 한 번 정성들여 쓰는 것만 못하다)

상휴자서승어사
常携字書勝於師
항상 사전을 소지하고 다니는 것이 스승보다 낫다.

대한민국 대표한자

www.ihanja.com

발 행 인 배영순
저   자 權容璿(권용선), 宋孝根(송효근), 王紅(왕홍)
펴 낸 곳 홍익교육
발 행 일 2019년 4월 15일
출판등록 2010-10호
주   소 경기도 광명시 광명로 877 한진상가 B동 309호
본사문의 02-2060-4011
이메일 문의 ihanja@ihanja.com

이 책에 실린 글과 그림의 무단전재나 복제를 금합니다.
좋은 책을 만드는 데 협조해 주신 분들께 감사드립니다.

머리말

 본서는 중국어 간체자를 이해하고 활용하는데 그 목적이 있다. 이를 위해 먼저 그 중국어가 지니고 있는 특성을 바탕으로 간체자와 뜻, 병음, 읽기를 정확히 파악해야 한다. 기존의 중국어 관련 서적들은 대부분이 너무 어렵게 편집되어 학습하는 학습자들로 하여금 쉽게 지치게 하여 결국 **중국어 공부**를 포기하게 한다.

 그래서 '**기초 중국어 배우기**'는 중국어를 처음 접하는 초보자들이 가장 궁금해하는 내용을 **쉽게, 빠르게, 정확하게** 알려주는 내용을 1장에서 4장까지 아래와 같이 소개코자 한다.

1장 : 꼭 알아 두어야 할 내용으로는 **발음, 기본 어휘, 기본 의사소통, 주제별 어휘**로 구성하였다.

2장 : 한자문화권에 속한 한(韓)·중(中)·일(日) 3국(國)이 선정한 '**한중일 공용 한자 808字**'를 정자(한국), 간체자(중국), 약자(일본)를 함께 수록하였다.

3장 : 중국(中國) 칭화대학(淸華大學)내 지능기술여계통 국가중점연구실에서 발표(發表)한 '**한자 빈도표**'中 **상위 500字**이다. 86,000字를 통계(統計)낸 자료중 사용빈도가 높은 500位까지의 글자를 활용단어 1,500개와 함께 편집 수록하였다.

4장 : 부록편에서는 '**중국 간체자 획수 색인표**'를 수록하였다. 한자를 잘 알고 있는 사람도 중국에 가면 당황하기 마련이다. 이것은 중국은 우리와는 달리 간화자를 사용하고있기 때문이다. 그래서 그 간화자를 알기 쉽게 하기 위해 간화자(간체자)와 번체자(정자)를 비교하여 수록하였다.

아무쪼록 중국어를 배우고자 하는 학습자들에게 체계적으로 정리한 '**기초 중국어 배우기**'교재가 학습에 많은 도움이 되었으면 한다.

2019년
弘益敎育 善海 權容璿(권용선)

이 책의 특징
- 발음, 기본 어휘, 기본 의사소통, 주제별 어휘
- 한중일 공용한자 808자(어문회 기준 급수별로 분류)
- 중국에서 가장 많이 쓰이는 한자 500자 따라쓰기(사용 빈도순)
- 중국 간체자 획수 색인표(2획-25획)

基礎 中國語

目次 목차

머리말 3

1장 : 발음, 기본 어휘, 기본 의사소통, 주제별 어휘 5
- 발음(중국어 성조, 성모, 운모) 7
- 중국어 발음 읽기 11
- 기본 어휘(숫자~국적) 13
- 기본 의사소통(인사·작별·환영·축사·기원) 35
- 주제별 어휘(식당~우체국) 50

2장 : 한·중·일 공용 한자 808자(정자·간체자·약자·영어) 71
(학습의 편의를 위해 급수별로 분류함)

3장 : 중국에서 가장 많이 쓰이는 한자 500字 사용 빈도순 115
(중국어 활용단어 1,500개 수록)

4장 : 부록 167
- 간화의 방법 168
- 간화자(간체자)의 획수 색인표 173
- 중·고등 교육용 한자 1,800字 中 간화자 비교(변형자 636字) ... 216

01
발음, 기본 어휘, 기본 의사소통, 주제별 어휘

· 발음(중국어 성조, 성모, 운모) ·
· 중국어 발음 읽기 ·
· 기본 어휘(숫자~국적) ·
· 기본 의사소통 표현 ·
· 주제별 어휘 ·

1장
기본적인 발음, 기본 어휘, 기본 어휘소통, 주제별 어휘

중국어를 배우는데 있어 가장 기본적인 발음, 기본 어휘, 기본 어휘소통, 주제별 어휘를 중점적으로 수록하여 학습자가 쉽게 이해하도록 하였다.

특히 발음편에서는 성모와 운모, 기본 어휘편은 숫자에서 국적까지 20개로 분류하였으며, 기본 어휘소통는 인사·작별에서 환영·축하·기원까지 9개로 분류하였다.

그리고 주제별 어휘편에서는 식당에서 많이 사용하는 용어와 마지막편 우체국에서 많이 쓰는 용어를 편집 수록하였다. 그 내용을 아래와 같이 소개코자 한다.

- **발음**
  1.중국어 성조, 2.성모, 3.운모

- **기본 어휘**
  1.숫자, 2.년, 3.월, 4.일, 5.요일, 6.년(간), 7.개월, 8.일(간), 주일(간), 9.시, 10.분, 11.시간, 12.분간, 13.시간사, 14.계절, 15.방위사, 16.양사, 17.인칭대명사, 18.의문대명사, 19.가족, 20.국적

- **기본 어휘소통**
  1.인사·작별, 2.감사, 3.사과, 4.만족·불만족, 5.동의·거절, 6.요구·부탁, 7.명령·지시, 8.칭찬·감탄, 9.환영·축하·기원

- **주제별 어휘**
  1.식당, 2.교통, 3.물건사기, 4.전화하기, 5.인터넷, 6.건강, 7.학교, 8.취미, 9.여행, 10.날씨, 11.은행 12.우체국

01 중국어 성조

성조 (聲調)	부호 (符號)	발음 표시(發音 表示)	발음 방법(發音 方法)
1성 음평 (陰平)	ā		높은 음으로 시작해서 음정의 변화없이 끝까지 소리낸다.
2성 양평 (陽平)	á		중간 음에서 시작해서 고음으로 끝낸다.
3성 상성 (上聲)	ǎ		약간 낮은 음에서 가장 낮은 음을 냈다가 다시 올려준다.
4성 거성 (去聲)	à		가장 높은 음에서 가장 낮은 음까지 소리를 뚝 떨어뜨린다.
경성 (輕聲)	a		가볍고 짧게 힘을 빼고 소리낸다.

02 성모와 운모

성 모

한국어 자음과 비슷하며 어두의 자음을 나타냅니다. 21개의 성모가 있습니다.

| b[bo] p[po] m[mo] 뽀어 포어 모어 | 윗입술과 아랫입술을 붙였다가 떼면서 발음한다. |

| f[fo] 포어 | 윗니를 아랫입술 안쪽에 살짝 댔다 떼면서 발음한다.
■ 영어의 'f'발음과 유사 |

| d[de] t[te] n[ne] l[le] 뜨어 트어 느어 르어 | 혀끝을 윗니 뒤쪽 잇몸에 붙였다가 떼면서 발음한다. |

| g[ge] k[ke] h[he] 끄어 크어 흐어 | 혀뿌리를 들어 올려 (여린)입천장에 가까이 대고 발음한다. |

| j[ji] q[qi] x[xi] 지 치 시 | 혓바닥을 넓게 펴고 (센)입천장 가까이 대며 입을 양옆으로 벌리고 발음한다. |

| zh[zhi] ch[chi] sh[shi] r[ri] 즈으 츠으 스으 르으 | 혀끝을 치켜세워 (센)입천장에 닿을 듯 바짝 대며 그 사이로 공기를 내보내며 발음한다.
■ '즈"츠"스"르' 위의 '~' 표시는 혀를 말아서 하는 발음 |

| z[zi] c[ci] s[si] 쯔 츠 쓰 | 혀끝을 윗니 뒤쪽에 붙였다가 떼면서 발음한다. |

운 모

성모를 제외한 나머지 부분을 나타내며, 단운모, 복합운모(복운모, 비운모, i+운모 결합, u+운모 결합, ü+운모 결합, 권설운모)가 있습니다.(한국어 모음에 해당)

a 아	o 오어	e 으어	i 이	u 우	ü 위
ai 아이	ou 어우	ei 에이	ia 이아	ua 우아	üe 위에
ao 아오	ong 옹/웅	en 언	ie 이에	uai 우아이	ün 윈
an 안		eng 엉	iao 이아오	uan 우안	üan 위엔
ang 앙		er 얼	iou(iu) 이어우	uang 우앙	
			ian 이엔	uo 우어	
			iang 이앙	uei(ui) 우에이	
			in 인	uen(un) 우언	
			ing 잉	ueng 우엉	
			iong 이옹		

- 단운모
- 복운모
- 비운모
- 권설운모
- i 운모 결합
- u 운모 결합
- ü 운모 결합

※ ü는 'u'발음 입모양을 유지하며 '위'소리를 냄
※ er은 혀를 말아 올려서 발음

성모와 운모

■ 중국어 성모(자음)

	한어 병음	한글 표기
1	b	ㅂ
2	p	ㅍ
3	m	ㅁ
4	f	ㅍ
5	d	ㄷ
6	t	ㅌ
7	n	ㄴ
8	l	ㄹ
9	g	ㄱ
10	k	ㅋ
11	h	ㅎ
12	j	ㅈ
13	q	ㅊ
14	x	ㅅ
15	zh(zhi)	ㅈ(즈)
16	ch(chi)	ㅊ(츠)
17	sh(shi)	ㅅ(스)
18	r(ri)	ㄹ(르)
19	z(zi)	ㅉ(쯔)
20	c(ci)	ㅊ(츠)
21	s(si)	ㅆ(쓰)

※ ( )는 단독 발음될 경우의 표기임.

■ 중국어 운모(모음)

	한어 병음	한글 표기
1	ai	아이
2	ei	에이
3	ao	아오
4	ou	어우
5	an	안
6	en	언
7	ang	앙
8	eng	엉
9	ya(ia)	야
10	yo	요
11	ye(ie)	예
12	yai	야이
13	yao(iao)	야오
14	you(iou, iu)	유
15	yan(ian)	옌
16	yin(in)	인
17	yang(iang)	양
18	ying(ing)	잉
19	wa(ua)	와
20	wo(uo)	워
21	wai(uai)	와이
22	wei(ui)	웨이(우이)
23	wan(uan)	완
24	wen(un)	원(운)
25	wang	왕
26	weng	웡
27	yue(u) y+üe	웨
28	yuan y+üan	위안
29	yun y+ün	윈
30	yong	융, 용

※ ( )는 단독 발음될 경우의 표기임.

02 중국어 발음 읽기

■ 중국어 발음 읽기

중국어발음		발음 읽기		
b	ㅂ/ㅃ	ba 바/빠 bi 비/삐 bu 부/뿌	bo 보어/뽀어 biao 비아오/삐아오	bei 베이/뻬이 bian 비엔/삐엔
p	ㅍ	pa 파 pei 페이 pie 피에	po 포어 pen 펀 pian 피엔	pou 퍼우 piao 피아오 ping 핑
m	ㅁ	ma 마 mou 머우 mian 미엔	mo 모어 mie 미에 ming 밍	me 머 miu 미어우
f	ㅍ	fa 파 feng 펑	fo 포어 fu 푸	fang 팡
d	ㄷ/ㄸ	da 다/따 dang 당/땅 diu 디어우/띠어우	de 드어/뜨어 dong 동/똥, 둥/뚱	dou 더우/떠우 di 디/띠
t	ㅌ	ta 타 teng 텅 tiu 티어우	te 트어 tong 통 tuo 투어	tou 터우 tie 티에 tui 투에이
n	ㄴ	na 나 neng 넝 niu 니어우 nue 뉘에	ne 느어 nong 농 nuo 누어	nou 너우 nie 니에 nu 뉘
l	ㄹ	la 라 leng 렁 liu 리어우 lue 뤼에	le 르어 long 롱 luo 루어	lou 러우 lie 리에 lu 뤼
g	ㄱ/ㄲ	ga 가/까 geng 겅/껑 guan 구안/꾸안	ge 그어/끄어 gong 공/꽁, 궁/꿍	gou 거우/꺼우 guo 구어/꾸어
k	ㅋ	ka 카 kong 콩, 쿵 kuai 콰이	ke 크어 kua 쿠아 kui 쿠에이	kou 커우 kuo 쿠어 kun 쿤

중국어 발음 읽기

중국어발음		발음 읽기		
h	ㅎ	ha 하 heng 헝 huo 후어	he 흐어 hong 홍 hui 후에이	hou 허우 hua 후아 hun 훈
j	ㅈ/ㅉ	ji 지/찌 jiong 지옹/찌옹	jiao 지아오/찌아오 jun 쥔/찐	jian 지엔/찌엔 jue 쥐에/쮜에
q	ㅊ	qi 치 qie 치에 qiong 치옹	qia 치아 qiu 치어우 qu 취	qiao 치아오 qin 친 qun 췬
x	ㅅ/ㅆ	xi 시/씨 xiang 시앙/씨앙	xia 시아/씨아	xiu 시어우/씨어우
zh	ㅈ/ㅉ	zha 쟈/쨔 zhong 중/쭝, 종/쫑	zhou 저우/쪄우 zhuai 쥬아이/쮸아이	zheng 정/쩡 zhuang 쥬앙/쮸앙
ch	ㅊ	cha 챠 chong 총 chui 츄에이	chi 츠 chu 츄 chuang 츄앙	chang 챵 chuo 츄어
sh	ㅅ	sha 샤 shou 셔우 shuo 슈어	she 셔 sheng 성 shui 슈에이	shi 스 shu 슈
r	ㄹ	re 르어 rong 롱 rui 루에이	ri 르 rua 루아 run 룬	rou 러우 ruo 루어
z	ㅉ	zu 주/쭈 zuan 주안/쭈안 zi 쯔	zuo 주어/쭈어 za 짜 zou 쩌우	zui 주에이/쭈에이 ze 쯔어 zong 쫑
c	ㅊ	ca 차 cou 처우 cuo 추어	ce 츠어 cong 총 cui 추에이	ci 츠 ceng 청 cun 춘
s	ㅅ/ㅆ	su 수/쑤 sa 싸 sou 써우	suo 수어/쑤어 se 쓰어 song 쏭, 쑹	suan 수안/쑤안 si 쓰

03 기본 어휘

■ 숫자

뜻	중국어(간체자)	한자(번체자)	한어병음	읽기
1	一	一	yī	이
2	二	二	èr	얼
3	三	三	sān	싼
4	四	四	sì	쓰
5	五	五	wǔ	우
6	六	六	liù	리어우
7	七	七	qī	치
8	八	八	bā	빠
9	九	九	jiǔ	지어우
10	十	十	shí	스
11	十一	十一	shíyī	스이
12	十二	十二	shí'èr	스얼
13	十三	十三	shísān	스싼
14	十四	十四	shísì	스쓰
15	十五	十五	shíwǔ	스우
16	十六	十六	shíliù	스리어우
17	十七	十七	shíqī	스치
18	十八	十八	shíbā	스빠
19	十九	十九	shíjiǔ	스지어우
20	二十	二十	èrshí	얼스

기본 어휘

뜻	중국어(간체자)	한자(번체자)	한어병음	읽기
21	二十一	二十一	èrshíyī	얼스이
22	二十二	二十二	èrshí'èr	얼스얼
23	二十三	二十三	èrshísān	얼스싼
24	二十四	二十四	èrshísì	얼스쓰
25	二十五	二十五	èrshíwǔ	얼스우
26	二十六	二十六	èrshíliù	얼스리어우
27	二十七	二十七	èrshíqī	얼스치
28	二十八	二十八	èrshíbā	얼스빠
29	二十九	二十九	èrshíjiǔ	얼스지어우
30	三十	三十	sānshí	싼스
31	三十一	三十一	sānshíyī	싼스이
32	三十二	三十二	sānshí'èr	싼스얼
33	三十三	三十三	sānshísān	싼스싼
34	三十四	三十四	sānshísì	싼스쓰
35	三十五	三十五	Sānshíwǔ	싼스우
36	三十六	三十六	sānshíliù	싼스리어우
37	三十七	三十七	sānshíqī	싼스치
38	三十八	三十八	sānshíbā	싼스빠
39	三十九	三十九	sānshíjiǔ	싼스지어우
40	四十	四十	sìshí	쓰스

뜻	중국어(간체자)	한자(번체자)	한어병음	읽기
41	四十一	四十一	sìshíyī	쓰스이
42	四十二	四十二	sìshí'èr	쓰스얼
43	四十三	四十三	sìshísān	쓰스싼
44	四十四	四十四	sìshísì	쓰스쓰
45	四十五	四十五	sìshíwǔ	쓰스우
46	四十六	四十六	sìshíliù	쓰스리어우
47	四十七	四十七	sìshíqī	쓰스치
48	四十八	四十八	sìshíbā	쓰스빠
49	四十九	四十九	sìshíjiǔ	쓰스지어우
50	五十	五十	wǔshí	우스
51	五十一	五十一	wǔshíyī	우스이
52	五十二	五十二	wǔshí'èr	우스얼
53	五十三	五十三	wǔshísān	우스싼
54	五十四	五十四	wǔshísì	우스쓰
55	五十五	五十五	wǔshíwǔ	우스우
56	五十六	五十六	wǔshíliù	우스리어우
57	五十七	五十七	wǔshíqī	우스치
58	五十八	五十八	wǔshíbā	우스빠
59	五十九	五十九	wǔshíjiǔ	우스지어우
60	六十	六十	liùshí	리어우스

기본 어휘

뜻	중국어(간체자)	한자(번체자)	한어병음	읽기
61	六十一	六十一	liushíyī	리어우스이
62	六十二	六十二	liùshí'èr	리어우스얼
63	六十三	六十三	liushísān	리어우스싼
64	六十四	六十四	liushísì	리어우스쓰
65	六十五	六十五	liùshíwǔ	리어우스우
66	六十六	六十六	liushíliù	리어우스리어우
67	六十七	六十七	liushíqī	리어우스치
68	六十八	六十八	liushíbā	리어우스빠
69	六十九	六十九	liùshíjiǔ	리어우스지어우
70	七十	七十	qīshí	치스
71	七十一	七十一	qīshíyī	치스이
72	七十二	七十二	qīshí'èr	치스얼
73	七十三	七十三	qīshísān	치스싼
74	七十四	七十四	qīshísì	치스쓰
75	七十五	七十五	qīshíwǔ	치스우
76	七十六	七十六	qīshíliù	치스리어우
77	七十七	七十七	qīshíqī	치스치
78	七十八	七十八	qīshíbā	치스빠
79	七十九	七十九	qīshíjiǔ	치스지어우
80	八十	八十	bāshí	빠스

뜻	중국어(간체자)	한자(번체자)	한어병음	읽기
81	八十一	八十一	bāshíyī	빠스이
82	八十二	八十二	bāshí'èr	빠스얼
83	八十三	八十三	bāshísān	빠스싼
84	八十四	八十四	bāshísì	빠스쓰
85	八十五	八十五	bāshíwǔ	빠스우
86	八十六	八十六	bāshíliù	빠스리어우
87	八十七	八十七	bāshíqī	빠스치
88	八十八	八十八	bāshíbā	빠스빠
89	八十九	八十九	bāshíjiǔ	빠스지어우
90	九十	九十	jiǔshí	지어우스
91	九十一	九十一	jiǔshí yī	지어우스이
92	九十二	九十二	jiǔshí'èr	지어우스얼
93	九十三	九十三	jiǔshí sān	지어우스싼
94	九十四	九十四	jiǔshí sì	지어우스쓰
95	九十五	九十五	jiǔshí wǔ	지어우스우
96	九十六	九十六	jiǔshí liù	지어우스리어우
97	九十七	九十七	jiǔshí qī	지어우스치
98	九十八	九十八	jiǔshí bā	지어우스빠
99	九十九	九十九	jiǔshí jiǔ	지어우스지어우
100	一百	一百	yìbǎi	이바이

기본 어휘

뜻	중국어(간체자)	한자(번체자)	한어병음	읽기
101	一百零一	一百零一	yìbǎi líng yī	이바이 링 이
102	一百零二	一百零二	yìbǎi líng èr	이바이 링 얼
110	一百一十	一百一十	yìbǎi yīshí	이바이 이스
115	一百一十五	一百一十五	yìbǎi yīshíwǔ	이바이 이스우
120	一百二(十)	一百二(十)	yìbǎi èr(shí)	이바이 얼(스)
999	九百九十九	九百九十九	jiǔbǎijiǔshíjiǔ	지어우바이 지어우스 지어우
천	千	千	qiān	치엔
만	万	萬	wàn	완
십만	十万	十萬	shíwàn	스완
백만	百万	百萬	bǎiwàn	바이완
천만	千万	千萬	qiānwàn	치엔완
억	亿	億	yì	이

년

뜻	중국어(간체자)	한자(번체자)	한어병음	읽기
1999년	一九九九年	一九九九年	yījiǔjiǔjiǔ nián	이지어우지어우지어우 니엔
2008년	二零零八年	二零零八年	èrlínglíngbā nián	얼링링빠 니엔
2016년	二零一六年	二零一六年	èrlíngyīliù nián	얼링이리어우 니엔

월

뜻	중국어(간체자)	한자(번체자)	한어병음	읽기
1월	一月	一月	yī yuè	이 위에
2월	二月	二月	èr yuè	얼 위에
3월	三月	三月	sān yuè	싼 위에
4월	四月	四月	sì yuè	쓰 위에
5월	五月	五月	wǔ yuè	우 위에
6월	六月	六月	liù yuè	리어우 위에
7월	七月	七月	qī yuè	치 위에
8월	八月	八月	bā yuè	빠 위에
9월	九月	九月	jiǔ yuè	지어우 위에
10월	十月	十月	shí yuè	스 위에
11월	十一月	十一月	shíyī yuè	스이 위에
12월	十二月	十二月	shí'èr yuè	스얼 위에

일

뜻	중국어(간체자)	한자(번체자)	한어병음	읽기
1일	一号	一號	yī hào	이 하오
2일	二号	二號	èr hào	얼 하오
3일	三号	三號	sān hào	싼 하오
4일	四号	四號	sì hào	쓰 하오

기본 어휘

뜻	중국어(간체자)	한자(번체자)	한어병음	읽기
5일	五号	五號	wǔ hào	우 하오
6일	六号	六號	liù hào	리어우 하오
7일	七号	七號	qī hào	치 하오
8일	八号	八號	bā hào	빠 하오
9일	九号	九號	jiǔ hào	지어우 하오
10일	十号	十號	shí hào	스 하오
11일	十一号	十一號	shíyī hào	스이 하오
12일	十二号	十二號	shí'èr hào	스얼 하오
13일	十三号	十三號	shísān hào	스싼 하오
14일	十四号	十四號	shísì hào	스쓰 하오
15일	十五号	十五號	shíwǔ hào	스우 하오
16일	十六号	十六號	shíliù hào	스리어우 하오
17일	十七号	十七號	shíqī hào	스치 하오
18일	十八号	十八號	shíbā hào	스빠 하오
19일	十九号	十九號	shíjiǔ hào	스지어우 하오
20일	二十号	二十號	èrshí hào	얼스 하오
21일	二十一号	二十一號	èrshíyī hào	얼스이 하오
22일	二十二号	二十二號	èrshí'èr hào	얼스얼 하오
23일	二十三号	二十三號	èrshísān hào	얼스싼 하오
24일	二十四号	二十四號	èrshísì hào	얼스쓰 하오

뜻	중국어(간체자)	한자(번체자)	한어병음	읽기
25일	二十五号	二十五號	èrshíwǔ hào	얼스우 하오
26일	二十六号	二十六號	èrshíliù hào	얼스리어우 하오
27일	二十七号	二十七號	èrshíqī hào	얼스치 하오
28일	二十八号	二十八號	èrshíbā hào	얼스빠 하오
29일	二十九号	二十九號	èrshíjiǔ hào	얼스지어우 하오
30일	三十号	三十號	sānshí hào	싼스 하오
31일	三十一号	三十一號	sānshíyī hào	싼스이 하오

■ 일

뜻	중국어(간체자)	한자(번체자)	한어병음	읽기
월요일	星期一	星期一	xīngqīyī	싱치이
화요일	星期二	星期二	xīngqī'èr	싱치얼
수요일	星期三	星期三	xīngqīsān	싱치싼
목요일	星期四	星期四	xīngqīsì	싱치쓰
금요일	星期五	星期五	xīngqīwǔ	싱치우
토요일	星期六	星期六	xīngqīliù	싱치리어우
일요일	星期天(日)	星期天(日)	xīngqītiān(rì)	싱치티엔

기본 어휘

■ 년(간)

뜻	중국어(간체자)	한자(번체자)	한어병음	읽기
1년(간)	一年	一年	yì nián	이 니엔
2년(간)	两年	兩年	liǎng nián	리앙 니엔
3년(간)	三年	三年	sān nián	싼 니엔
4년(간)	四年	四年	sì nián	쓰 니엔
5년(간)	五年	五年	wǔ nián	우 니엔
10년(간)	十年	十年	shí nián	스 니엔
20년(간)	二十年	二十年	èrshí nián	얼스 니엔
30년(간)	三十年	三十年	sānshí nián	싼스 니엔
50년(간)	五十年	五十年	wǔshí nián	우스 니엔
100년(간)	一百年	一百年	yìbǎi nián	이바이 니엔
300년(간)	三百年	三百年	sānbǎi nián	싼바이 니엔
500년(간)	五百年	五百年	wǔbǎi nián	우바이 니엔
1000년(간)	一千年	一千年	yìqiān nián	이치엔 니엔

■ 개월

뜻	중국어(간체자)	한자(번체자)	한어병음	읽기
한 달(1개월)	一个月	一個月	yí ge yuè	이 거 위에
두 달(2개월)	两个月	兩個月	liǎng ge yuè	리앙 거 위에

뜻	중국어(간체자)	한자(번체자)	한어병음	읽기
석 달(3개월)	三个月	三個月	sān ge yuè	싼 거 위에
4개월	四个月	四個月	sì ge yuè	쓰 거 위에
5개월	五个月	五個月	wǔ ge yuè	우 거 위에
6개월	六个月	六個月	liù ge yuè	리어우 거 위에
반년(6개월)	半年	半年	bàn nián	빤 니엔
7개월	七个月	七個月	qī ge yuè	치 거 위에
8개월	八个月	八個月	bā ge yuè	빠 거 위에
9개월	九个月	九個月	jiǔ ge yuè	지어우 거 위에
10개월	十个月	十個月	shí ge yuè	스 거 위에
11개월	十一个月	十一個月	shíyī ge yuè	스이 거 위에
12개월	十二个月	十二個月	shí'èr ge yuè	스얼 거 위에
1년(12개월)	一年	一年	yì nián	이 니엔

■ 일(간), 주일(간)

뜻	중국어(간체자)	한자(번체자)	한어병음	읽기
하루	一天	一天	yì tiān	이 티엔
이틀	两天	兩天	liǎng tiān	리앙 티엔
사흘	三天	三天	sān tiān	싼 티엔
나흘	四天	四天	sì tiān	쓰 티엔

기본 어휘

뜻	중국어(간체자)	한자(번체자)	한어병음	읽기
닷새	五天	五天	wǔ tiān	우 티엔
6일(간)	六天	六天	liù tiān	리어우 티엔
7일(간)	七天	七天	qī tiān	치 티엔
8일(간)	八天	八天	bā tiān	빠 티엔
9일(간)	九天	九天	jiǔ tiān	지어우 티엔
열흘	十天	十天	shí tiān	스 티엔
30일(간)	三十天	三十天	sānshí tiān	싼스 티엔
50일(간)	五十天	五十天	wǔshí tiān	우스 티엔
100일(간)	一百天	一百天	yìbǎi tiān	이바이 티엔
일주일(간)	一个星期	一個星期	yí ge xīngqī	이 거 싱치
이주일(간)	两个星期	兩個星期	liǎng ge xīngqī	리앙 거 싱치
삼주일(간)	三个星期	三個星期	sān ge xīngqī	싼 거 싱치

시

뜻	중국어(간체자)	한자(번체자)	한어병음	읽기
1시	一点	一點	yī diǎn	이 디엔
2시	两点	兩點	liǎng diǎn	리앙 디엔
3시	三点	三點	sān diǎn	싼 디엔
4시	四点	四點	sì diǎn	쓰 디엔

뜻	중국어(간체자)	한자(번체자)	한어병음	읽기
5시	五点	五點	wǔ diǎn	우 디엔
6시	六点	六點	liù diǎn	리어우 디엔
7시	七点	七點	qī diǎn	치 디엔
8시	八点	八點	bā diǎn	빠 디엔
9시	九点	九點	jiǔ diǎn	지어우 디엔
10시	十点	十點	shí diǎn	스 디엔
11시	十一点	十一點	shíyī diǎn	스이 디엔
12시	十二点	十二點	shí èr diǎn	스얼 디엔

분

뜻	중국어(간체자)	한자(번체자)	한어병음	읽기
1분	一分	一分	yī fēn	이 펀
2분	二分	二分	èr fēn	얼 펀
3분	三分	三分	sān fēn	싼 펀
5분	五分	五分	wǔ fēn	우 펀
10분	十分	十分	shí fēn	스 펀
15분	十五分	十五分	shíwǔ fēn	스우 펀
20분	二十分	二十分	èrshí fēn	얼스 펀
25분	二十五分	二十五分	èrshíwǔ fēn	얼스우 펀
30분	三十分	三十分	sānshí fēn	싼스 펀

기본 어휘

뜻	중국어(간체자)	한자(번체자)	한어병음	읽기
35분	三十五分	三十五分	sānshíwǔ fēn	싼스우 펀
40분	四十分	四十分	sìshí fēn	쓰스 펀
45분	四十五分	四十五分	sìshíwǔ fēn	쓰스우 펀
50분	五十分	五十分	wǔshí fēn	우스 펀
55분	五十五分	五十五分	wǔshíwǔ fēn	우스우 펀
60분	六十分	六十分	liùshí fēn	리어우스 펀

■ 시간

뜻	중국어(간체자)	한자(번체자)	한어병음	읽기
반시간	半个小时	半個小時	bàn ge xiǎoshí	빤 거 샤오스
1시간	一个小时	一個小時	yí ge xiǎoshí	이 거 샤오스
1시간 반	一个半小时	一個半小時	yí ge bàn xiǎoshí	이 거 빤 샤오스
2시간	两个小时	兩個小時	liǎng ge xiǎoshí	리앙 거 샤오스
3시간	三个小时	三個小時	sān ge xiǎoshí	싼 거 샤오스
4시간	四个小时	四個小時	sì ge xiǎoshí	쓰 거 샤오스
5시간	五个小时	五個小時	wǔ ge xiǎoshí	우 거 샤오스
10시간	十个小时	十個小時	shí ge xiǎoshí	스 거 샤오스
12시간	十二个小时	十二個小時	shí'èr ge xiǎoshí	스얼 거 샤오스
24시간	二十四个小时	二十四個小時	èrshísì ge xiǎoshí	얼쓰 거 샤오스

분간

뜻	중국어(간체자)	한자(번체자)	한어병음	읽기
1분(간)	一分钟	一分鍾	yì fēnzhōng	이 펀쭝
2분(간)	两分钟	兩分鍾	liǎng fēnzhōng	리앙 펀쭝
3분(간)	三分钟	三分鍾	sān fēnzhōng	싼 펀쭝
4분(간)	四分钟	四分鍾	sì fēnzhōng	쓰 펀쭝
5분(간)	五分钟	五分鍾	wǔ fēnzhōng	우 펀쭝
10분(간)	十分钟	十分鍾	shí fēnzhōng	스 펀쭝
15분(간)	十五分钟	十五分鍾	shíwǔ fēnzhōng	스우 펀쭝
20분(간)	二十分钟	二十分鍾	èrshí fēnzhōng	얼스 펀쭝
25분(간)	二十五分钟	二十五分鍾	èrshíwǔ fēnzhōng	얼스우 펀쭝
30분(간)	三十分钟	三十分鍾	sānshí fēnzhōng	싼스 펀쭝
40분(간)	四十分钟	四十分鍾	sìshí fēnzhōng	쓰스 펀쭝
50분(간)	五十分钟	五十分鍾	wǔshí fēnzhōng	우스 펀쭝
60분(간)	六十分钟	六十分鍾	liùshí fēnzhōng	리어우스 펀쭝

기본 어휘

■ 시간사

뜻	중국어(간체자)	한자(번체자)	한어병음	읽기
오전	上午	上午	shàngwǔ	샹우
정오	中午	中午	zhōngwǔ	쭝우
오후	下午	下午	xiàwǔ	시아우
아침	早上	早上	zǎoshang	짜오샹
저녁	晚上	晚上	wǎnshang	완샹
지난주	上个星期	上個星期	shàng ge xīngqī	샹 거 싱치
이번 주	这个星期	這個星期	zhè ge xīngqī	쩌 거 싱치
다음주	下个星期	下個星期	xià ge xīngqī	시아 거 싱치
지난달	上个月	上個月	shàng ge yuè	샹 거 위에
이번 달	这个月	這個月	zhè ge yuè	쩌 거 위에
다음달	下个月	下個月	xià ge yuè	시아 거 위에
재작년	前年	前年	qiánnián	치엔니엔
작년	去年	去年	qùnián	취니엔
올해	今年	今年	jīnnián	찐니엔
내년	明年	明年	míngnián	밍니엔
내후년	大后年	大後年	dà hòunián	따 허우니엔
그저께	前天	前天	qiántiān	치엔티엔
어제	昨天	昨天	zuótiān	주어티엔
오늘	今天	今天	jīntiān	찐티엔
내일	明天	明天	míngtiān	밍티엔
모레	后天	後天	hòutiān	허우티엔

계절

뜻	중국어(간체자)	한자(번체자)	한어병음	읽기
봄	春天	春天	chūntiān	츈티엔
여름	夏天	夏天	xiàtiān	시아티엔
가을	秋天	秋天	qiūtiān	치어우티엔
겨울	冬天	冬天	dōngtiān	똥티엔

방위사

뜻	중국어(간체자)	한자(번체자)	한어병음	읽기
동쪽	东边	東邊	dōngbian	똥삐엔
서쪽	西边	西邊	xībian	시삐엔
남쪽	南边	南邊	nánbian	난삐엔
북쪽	北边	北邊	běibian	베이삐엔
앞쪽	前边	前邊	qiánbian	치엔삐엔
뒤쪽	后边	後邊	hòubiān	허우삐엔
위쪽	上边	上邊	shàngbian	샹삐엔
아래쪽	下边	下邊	xiàbian	시아삐엔
안쪽	里边	裏邊	lǐbian	리삐엔
바깥쪽	外边	外邊	wàibian	와이삐엔
오른쪽	右边	右邊	yòubiān	여우삐엔
왼쪽	左边	左邊	zuǒbiān	쭈어삐엔
옆	旁边	旁邊	pángbiān	팡삐엔
중간	中间	中間	zhōngjiān	쭝지엔

기본 어휘

■ 양사

뜻	중국어(간체자)	한자(번체자)	한어병음	읽기
개 사용범위가 가장 넓은 개체 양사	个	個	ge	끄어/거
장 평면이 있는 사물	张	張	zhāng	쨩
마리, 척 주로 날짐승이나 길짐승	只	只	zhī	쯔
자루, 다발 손에 쥘 수 있는 물건	把	把	bǎ	빠
권 서적 류	本	本	běn	뻔
개, 갈래, 줄기 가늘고 긴 모양의 사물이나 굽은 사물	条	條	tiáo	티아오
건(사건), 벌(의복)	件	件	jiàn	찌엔
쌍, 짝, 켤레	双	雙	shuāng	슈왕
병	瓶	瓶	píng	핑
조각, 원(화폐) 돈, 덩어리, 작은 모양의 물건	块	塊	kuài	콰이
대 각종 차량	辆	輛	liàng	리앙
대 기계, 설비 등	台	台	tái	타이
근	斤	斤	jīn	찐
킬로그램	公斤	公斤	gōngjīn	꽁찐
번, 차례 단순히 반복적으로 발생하는 동작	次	次	cì	츠
번 한 동작이 시작해서 끝날 때까지의 전체 과정	遍	遍	biàn	삐엔
끼(식사), 번 '번'의 경우 질책, 권고, 구타 동작에 사용	顿	頓	dùn	뚜언

인칭대명사

뜻	중국어(간체자)	한자(번체자)	한어병음	읽기
나	我	我	wǒ	워
너	你	你	nǐ	니
당신	您	您	nín	닌
우리 청자 미포함	我们	我們	wǒmen	워먼
우리 청자 포함	咱们	咱們	zánmen	짠먼
너희	你们	你們	nǐmen	니먼
그	他	他	tā	타
그녀	她	她	tā	타
그들	他们	他們	tāmen	타먼
그녀들	她们	她們	tāmen	타먼

지시대명사

뜻	중국어(간체자)	한자(번체자)	한어병음	읽기
이	这	這	zhè	쩌
이것들	这些	這些	zhèxiē	쩌시에
저	那	那	nà	나
저것들	那些	那些	nàxiē	나시에
여기, 이곳	这里	這裏	zhèlǐ	쩌리
〃	这儿	這兒	zhèr	쩔
저기, 저곳	那里	那裏	nàlǐ	나리
〃	那儿	那兒	nàr	날

기본 어휘

■ 의문대명사

뜻	중국어(간체자)	한자(번체자)	한어병음	읽기
누구	谁	誰	shéi	셰이
몇	几	幾	jǐ	지
어느	哪	哪	nǎ	나
어디	哪儿	哪兒	nǎr	날
"	哪里	哪裏	nǎlǐ	나리
무엇	什么	什麼	shénme	션머
언제	什么时候	什麼時候	shénme shíhou	션머 스허우
어떻게	怎么	怎麼	zěnme	쩐머
어떤가?	怎么样	怎麼樣	zěnmeyàng	쩐머양
왜	为什么	爲什麼	wèishénme	웨이션머
얼마	多少	多少	duōshao	뚜어샤오

가족

뜻	중국어(간체자)	한자(번체자)	한어병음	읽기
가족	家人	家人	jiārén	찌아런
할아버지	爷爷	爺爺	yéye	예예
할머니	奶奶	奶奶	nǎinai	나이나이
아버지	爸爸	爸爸	bàba	빠바
어머니	妈妈	媽媽	māma	마마
남편	丈夫	丈夫	zhàngfu	짱푸
아내	妻子	妻子	qīzi	치즈
딸	女儿	女兒	nǚér	뉘얼
아들	儿子	兒子	érzi	얼즈
손녀	孙女	孫女	sūnnü	쑨뉘
손자	孙子	孫子	sūnzi	쑨즈
형제자매	兄弟姐妹	兄弟姐妹	xiōngdìjiěmèi	숑띠지에메이
형, 오빠	哥哥	哥哥	gēge	끄어거
언니, 누나	姐姐	姐姐	jiějie	지에졔
여동생	妹妹	妹妹	mèimei	메이메이
남동생	弟弟	弟弟	dìdi	띠디

기본 어휘

국적

뜻	중국어(간체자)	한자(번체자)	한어병음	읽기
국가, 나라	国家	國家	guójiā	구어찌아
한국	韩国	韓國	Hánguó	한구어
중국	中国	中國	Zhōngguó	쭝구어
대만	台湾	台灣	Táiwān	타이완
일본	日本	日本	Rìběn	르번
태국	泰国	泰國	Tàiguó	타이구어
미국	美国	美國	Měiguó	메이구어
영국	英国	英國	Yīngguó	잉구어
캐나다	加拿大	加拿大	Jiānádà	찌아나따
독일	德国	德國	Déguó	뜨어구어
러시아	俄罗斯	俄羅斯	Éluósī	으어루어쓰
이탈리아	意大利	意大利	Yìdàlì	이따리
프랑스	法国	法國	Fǎguó	파구어
스페인	西班牙	西班牙	Xībānyá	시빤야
인도	印度	印度	Yìndù	인뚜

04 기본 의사소통 표현

다음은 간단한 의사소통 문장입니다. 9개 분야, 기초회화로 나누어져 있으며 간체자와 번체자(파란색으로 표기)를 구분하여 수록했습니다.

■ 인사·작별

❶ 안녕하세요!
你好。/ 你好。
Nǐ hǎo!
니 하오!

❷ 안녕하셨어요?
你好吗? / 你好嗎?
Nǐ hǎo ma?
니 하오 마?

❸ 건강은 어떠세요?
身体怎么样? / 身體怎麼樣?
Shēntǐ zěnmeyàng?
션티 쩐머양?

❹ 그에게 안부 전해주세요.
问他好。/ 問他好。
Wèn tā hǎo.
원 타 하오.

❺ 굿모닝!
早上好! / 早上好!
Zǎoshang hǎo!
짜오샹 하오!

❻ 굿나잇!
晚安! / 晚安!
Wǎn'ān!
완안!

기본 의사소통 표현

7 안녕!(헤어질 때 하는 인사)
再见! / 再見!
Zàijiàn!
짜이찌엔!

8 안녕!(헤어질 때 하는 인사)
拜拜! / 拜拜!
Báibái!
빠이빠이!

9 내일 보자.
明天见。 / 明天見。
Míngtiān jiàn.
밍티엔 찌엔.

10 다음에 보자.
下次见。 / 下次見。
Xiàcì jiàn.
시아츠 찌엔.

■ 감사

1 고마워.
谢谢。 / 謝謝。
Xièxie.
시에셰.

2 감사합니다.
谢谢您。 / 謝謝您。
Xièxie nín.
시에셰 닌.

3 도와주셔서 감사드립니다.
谢谢您的帮助。 / 謝謝您的幫助。
Xièxie nínde bāngzhù.
시에셰 닌더 빵쭈.

사과

① 미안합니다.　　　　　　　　　괜찮아요.

对不起。／對不起。⟷ 没关系。

Duìbuqǐ.　　　　　　　　　méi guānxì.
뚜에이부치.　　　　　　　　메이 관시.

② 죄송합니다.

很抱歉。／很抱歉。

Hěn bàoqiàn.
헌 빠오치엔.

③ 정말 죄송합니다.

真是不好意思。／眞是不好意思。

Zhēnshi bùhǎoyìsi.
쩐스 뿌하오이쓰.

④ 모두 다 제 잘못입니다.

都是我的错。／都是我的錯。

Dōu shì wǒ de cuò.
또우 스 워 더 추어.

⑤ 오래 기다리셨습니다.

让你久等了。／讓你久等了。

Ràng nǐ jiǔ děng le.
랑 니 지어우 덩 러.

기본 의사소통 표현

■ 만족 · 불만족

❶ 그런대로 괜찮다.
还行。/ 還行。
Háixíng.
하이싱.

❷ 좋다. 잘한다.
不错。/ 不錯。
Búcuò.
부추어.

❸ 아주 좋다.
挺好的。/ 挺好的。
Tínghǎo de.
팅하오 더.

❹ 진짜!, 참나!
真是的。/ 眞是的。
Zhēnshì de!
쩐스 더.

❺ 어떻게 된 거야.
怎么搞的。/ 怎麼搞的。
Zěnme gǎo de.
쩐머 까오 더.

❻ 말도 안 돼.
太不像话了。/ 太不像話了。
Tài bú xiànghuà le.
타이 부 샹화 러.

❼ 진짜 싫어.
真讨厌。/ 眞討厭。
Zhēn tǎoyàn.
쩐 타오옌.

동의 · 거절

① 그렇고 말고.

可不是嘛。/ 可不是嘛。

Kě bú shì ma.
크어 부 스 마.

② 나도 이렇게 생각해.

我也这么觉得。/ 我也這麼覺得。

Wǒ yě zhème juéde.
워 예 쩌머 쥬에더.

③ 누가 아니래!

谁说不是呢! / 誰說不是呢!

Shéi shuō bú shì ne!
셰이 슈어 부 스 너?

④ 안 된다.

不行。/ 不行。

Bù xíng.
뿌 싱.

⑤ 절대 안 된다!

绝对不可以! / 絕對不可以!

Juéduì bù kěyǐ.
쥐에뚜에이 뿌 크어이.

기본 의사소통 표현

6 그러면 안 된다.

那怎么行。/ 那怎麼行。

Nà zěnme xíng.

나 쩐머 싱.

7 유감이네요.

不好意思。/ 不好意思。

Bù hǎo yìsi.

뿌 하오 이쓰.

■ 요구 · 부탁

1 잠시 기다리세요.

请稍等。/ 請稍等。

Qǐng shāo děng.

칭 샤오 덩.

2 저 좀 도와주세요.

请帮我一下。/ 請幫我一下。

Qǐng bāng wǒ yíxià.

칭 빵 워 이시아.

❸ 좀 빨리 해주세요.

请快点儿。／請快點兒。

Qǐng kuài diǎnr.
칭 콰이 디알.

❹ 문 좀 닫아주세요.

请把门关好。／請把門關好。

Qǐng bǎ mén guān hǎo.
칭 바 먼 꽌 하오.

❺ 술 좀 적게 드세요.

少喝点酒。／少喝點酒。

Shǎo hē diǎn jiǔ.
샤오 흐어 디엔 지어우.

명령 · 지시

❶ 일어서라!

站起来!／站起來!

Zhàn qǐ lái!
짠 치 라이!

❷ 들어오시게.

请进。／請進。

Qǐng jìn.
칭 찐.

기본 의사소통 표현

③ 늦지 말아라.
不要迟到。／不要遲到。
Bú yào chídào.
부 야오 츠따오.

④ 수업 시간에는 말하지 마라.
上课别说话。／上課別說話。
Shàngkè bié shuō huà.
샹 크어 비에 슈어 화.

⑤ 금연입니다.
不许抽烟。／不許抽煙。
Bù xǔ chōuyān.
뿌 쉬 쵸우옌.

■ 칭찬 · 감탄

① 정말 잘됐다!
太好了!／太好了!
Tài hǎo le!
타이 하오 러!

② 정말 좋다.
好极了。／好極了。
Hǎo jíle.
하오 지러.

❸ 정말 대단하다.

真了不起。 / 眞了不起。

Zhēn liǎobuqǐ.

쩐 랴오뿌치.

❹ 진짜 잘한다!

真棒! / 眞棒!

Zhēn bàng!

쩐 빵!

❺ 정말 멋져!

真漂亮! / 眞漂亮!

Zhēn piàoliang!

쩐 피아오량!

❻ 솜씨가 보통이 아니네!

真有两下子! / 眞有兩下子!

Zhēn yǒu liǎngxiàzi.

쩐 요우 량시아즈.

❼ 중국어를 잘하는군요.

你汉语说得不错。 / 你漢語說得不錯。

Nǐ hànyǔ shuō de búcuò.

니 한위 슈어 더 부추어.

기본 의사소통 표현

■ 환영 · 축하 · 기원

① 환영합니다!

欢迎! / 歡迎!

Huānyíng!
환잉!

② 또 오세요.

欢迎再来! / 歡迎再來!

Huānyíng zài lái!
환잉 짜이 라이!

③ 생일 축하해!

祝你生日快乐! / 祝你生日快樂!

Zhù nǐ shēngrì kuàilè!
쭈 니 셩르 콰이르어!

④ 대입 합격 축하해!

祝贺你考上大学! / 祝賀你考上大學!

Zhùhè nǐ kǎoshàng dàxué!
쭈흐어 니 카오상 따슈에.

⑤ 축하드려요.

恭喜恭喜。 / 恭喜恭喜。

Gōngxǐ gōngxi.
꽁시 꽁시.

6 부자 되세요.

恭喜发财。 / 恭喜發財。

Gōngxǐ fācái.
꽁시 파차이.

7 행운이 깃드시길 바랍니다.

祝你好运。 / 祝你好運。

Zhù nǐ hǎoyùn.
쭈 니 하오윈.

8 만사형통하시길 바랍니다.

祝你万事如意。 / 祝你萬事如意。

Zhù nǐ wànshìrúyì.
쭈 니 완스루이.

9 건강하세요.

祝你身体健康。 / 祝你身體健康。

Zhù nǐ shēntǐ jiànkāng.
쭈 니 션티 찌엔캉.

10 새해 복 많이 받으세요!

新年快乐! / 新年快樂!

Xīnnián kuàilè!
신니엔 콰이르어!

기본 의사소통 표현

■ 중국어 기초 회화

A: 您贵姓?
　Nín guì xìng
　당신의 성은 무엇입니까?

B: 我姓王。
　Wǒ xìng Wáng
　저는 왕씨입니다

A: 你叫什么名字?
　Nǐ jiào shén me míng zi
　당신의 이름은 무엇입니까?

B: 我叫王红。
　Wǒ jiào Wáng Hóng
　제 이름은 왕홍입니다.

A: 认识你很高兴!
　Rènshi nǐ hěn gāoxìng
　만나서 반갑습니다!

B: 我也很高兴!
　Wǒ yě hěn gāoxìng
　저도 매우 기쁩니다!

A: 你是日本人吗?
　Nǐ shì Rìběnrénma
　당신은 일본사람입니까?

B: 不是, 我是韩国人。
　Búshì wǒ shì hánguórén
　아닙니다, 저는 한국인입니다.

A: 你去哪儿?
　Nǐ qù nǎr
　당신은 어디 가세요?

B: 我去百货商店。
　Wǒ qù bǎihuòshāngdiàn
　백화점에 갑니다.

A: 今天几月几号?
　Jīntiān jǐyuè jǐhào
　오늘은 몇 월 며칠입니까?

B: 今天四月二十六号。
　Jīntiān sìyuè èrshíliùhào
　오늘은 4월 26일입니다.

A: 明天星期几?
　Míngtiān xīngqījǐ
　내일은 무슨 요일입니까?

B: 明天星期天。
　Míngtiān xīngqītiān
　내일은 일요일입니다.

A: 你家有几口人?
Nǐ jiā yǒu jǐ kǒu rén?
당신의 가족은 몇 명입니까?

B: 四口人, 爸爸、妈妈、弟弟和我。
Sìkǒurén bàba māma dìdihéwǒ
네 명입니다. 아빠, 엄마, 남동생 그리고 저입니다.

A: 你姐姐做什么工作?
Nǐ jiě jie zuò shénme gōngzuò
당신의 누나는 무슨 일을 하세요?

B: 我姐姐是老师。
Wǒ jiě jie shì lǎoshī
제 누나는 선생님입니다

A: 你哥哥今年多大了?
Nǐgēge jīnnián duōdàle
당신의 형은 올해 몇 살입니까?

B: 他今年三十二岁。
Tā jīnnián sānshí'èrsuì
그는 올해 32세입니다.

A: 现在几点?
Xiànzài jǐdiǎn
지금 몇 시입니까?

B: 现在七点二十五分。
Xiànzài qīdiǎn èrshíwǔfēn
지금 7시 25분입니다.

A: 明天你们去哪儿?
Míngtiān nǐmen qù nǎr
너희들은 내일 어디를 갑니까?

B: 我们去长城和故宫。
Wǒmen qù Chángchénghé Gùgōng
우리는 만리장성과 자금성에 갑니다.

A: 请问, 医院怎么走?
Qǐngwèn yīyuàn zěnmezǒu
말씀 좀 묻겠습니다. 병원은 어떻게 갑니까?

B: 往前走, 过马路就是。
Wǎngqiángzǒu guòmǎlù jiùshì
앞으로 가다가, 길을 건너면 바로 병원입니다.

기본 의사소통 표현

A: 洗手间在哪儿?
　　Xǐshǒujiān zài nǎr
화장실은 어디에 있습니까?

B: 一直走, 往右拐, 上二楼。
　　Yìzhízǒu　wǎngyòuguǎi　shàng èrlóu
쭉 가다가 오른쪽으로 돌아서 2층으로 올라가면 됩니다.

A: 这个多少钱?
　　Zhège duōshaoqián
이건 얼마입니까?

B: 三百五十六(块)。
　　Sānbǎi　wǔshíliù　(kuài)
356쾌입니다.

A: 太贵了, 能不能便宜点儿?
　　Tàiguìle　néngbunéng　piányìdiǎnr
너무 비싸요, 좀 싸게 줄 수 없나요?

A: 您喝点儿什么?
　　Nín hēdiǎnr shénme
무엇을 마실 겁니까?

B: 请给我一杯咖啡。
　　Qǐnggěiwǒ yìbēi kāfēi
커피 한 잔 주세요.

A: 请问, 去天安门坐几路车?
　　Qǐngwèn　qù Tiān'ānmén zuò　jǐlùchē
실례합니다. 천안문에 가려면 몇 번 버스 탑니까?

B: 坐331路。
　　Zuò sānsānyāolù
331번 버스 타면 됩니다.

A: 在哪儿能换钱?
　　Zàinǎr néng huànqián
어디에 환전할 수 있습니까?

B: 银行。不过, 饭店里也能换。
　　Yínháng　　búguò　　fàndiànli yě néng huàn
은행입니다. 하지만, 호텔에도 가능합니다.

A: 您什么时候来北京?
　　Nín shénmeshíhou lái Běijīng
당신은 언제 베이징에 옵니까?

B: 我坐后天早上8点半的飞机。
　　Wǒzuò hòutiān zǎoshang bādiǎnbànde　fēijī
저는 모레 아침 8시반의 비행기를 탑니다.

A: 有没有韩国泡菜?
　　Yǒuméiyǒu hánguó pàocài
한국 김치 있습니까?

B: 对不起, 没有。
　　Duìbuqǐ　　méiyǒu
죄송합니다. 없습니다.

A: 我不吃香菜。
　　Wǒ bùchī xiāngcài
저는 고수를 먹지 않습니다.

05 주제별 어휘

식당

번호	뜻	중국어(간체자)	한자(번체자)	한어병음	읽기
1	식당	餐厅	餐廳	cāntīng	찬팅
2	음식	菜	菜	cài	차이
3	야채	青菜	青菜	qīngcài	칭차이
4	"	蔬菜	蔬菜	shūcài	슈차이
5	먹다	吃	吃	chī	츠
6	식사도구	餐具	餐具	cānjù	찬쮜
7	메뉴판	菜单	菜單	càidān	차이딴
8	세트요리	套餐	套餐	tàocān	타오찬
9	종업원	服务员	服務員	fúwùyuán	푸우위엔
10	주문하다.	点菜	點菜	diǎncài	디엔차이
11	요리를 내오다.	上菜	上菜	shàng cài	샹 차이
12	중국요리	中国菜	中國菜	Zhōngguó cài	쯍구어 차이
13	맛	味道	味道	wèidao	웨이따오
14	달다	甜	甜	tián	티엔
15	담백하다	清淡	清淡	qīngdàn	칭딴
16	맵다	辣	辣	là	라
17	새콤달콤하다	酸甜	酸甜	suāntián	쑤안티엔
18	신선하다	新鲜	新鮮	xīnxiān	신시엔
19	국, 탕	汤	湯	tāng	탕
20	냅킨	餐巾纸	餐巾紙	cānjīnzhǐ	찬진즈

번호	뜻	중국어(간체자)	한자(번체자)	한어병음	읽기
21	컵	杯子	杯子	bēizi	뻬이즈
22	제일 잘하는 요리	拿手菜	拿手菜	náshǒucài	나쇼우차이
23	계산	买单	買單	mǎidān	마이딴
24	잔돈	零钱	零錢	língqián	링치엔
25	포장하다	打包	打包	dǎbāo	따빠오
26	치우다	收拾	收拾	shōushi	쇼우스
27	건배	干杯	幹杯	gānbēi	깐뻬이
28	맥주	啤酒	啤酒	píjiǔ	피지어우
29	술집	酒吧	酒吧	jiǔbā	지어우빠
30	와인	葡萄酒	葡萄酒	pútaojiǔ	푸타오지어우
31	술에 취하다	喝醉	喝醉	hēzuì	흐어쭈에이

교통

번호	뜻	중국어(간체자)	한자(번체자)	한어병음	읽기
1	말씀 좀 묻겠습니다.	请问	請問	qǐngwèn	칭원
2	길을 묻다	问路	問路	wèn lù	원 루
3	길을 잃다	迷路	迷路	mílù	미루
4	길을 건너가다	过马路	過馬路	guò mǎlù	꾸어 마루
5	지도	地图	地圖	dìtú	띠투

주제별 어휘

번호	뜻	중국어(간체자)	한자(번체자)	한어병음	읽기
6	부근	附近	附近	fùjìn	푸찐
7	사거리	十字路口	十字路口	shízìlùkǒu	스쯔루코우
8	갈아타다	换车	換車	huànchē	환쳐
9	노선	路线	路線	lùxiàn	루시엔
10	버스	公共汽车	公共汽車	gōnggòngqìchē	꽁꽁치쳐
11	몇 번 버스	几路车	幾路車	jǐ lù chē	지 루 쳐
12	정거장	车站	車站	chēzhàn	쳐짠
13	줄을 서다	排队	排隊	pái duì	파이 뚜에이
14	승차하다	上车	上車	shàngchē	상쳐
15	하차하다	下车	下車	xiàchē	시아쳐
16	승객	乘客	乘客	chéngkè	청크어
17	차비	车费	車費	chēfèi	쳐 페이
18	지하철	地铁	地鐵	dìtiě	띠티에
19	환승하다	换乘	換乘	huànchéng	환청
20	1호선	1号线	1號線	yī hàoxiàn	이 하오시엔
21	좌석	座位	座位	zuòwèi	쭈어웨이
22	출구	出口	出口	chūkǒu	츄코우
23	택시	出租汽车	出租汽車	chūzūqìchē	츄주치쳐
24	택시를 타다	打的	打的	dǎdī	따띠
25	차가 막히다	堵车	堵車	dǔchē	두쳐
26	차를 세우다	停车	停車	tíngchē	팅쳐

번호	뜻	중국어(간체자)	한자(번체자)	한어병음	읽기
27	우회전	右拐	右拐	yòuguǎi	요우 과이
28	좌회전	左拐	左拐	zuǒguǎi	주어 과이
29	유턴하다	掉头	掉頭	diàotóu	띠아오토우
30	기차	火车	火車	huǒchē	후어쳐
31	기차표	火车票	火車票	huǒchēpiào	후어쳐피아오
32	일반 침대석	硬卧	硬臥	yìngwò	잉워
33	일등 침대석	软卧	軟臥	ruǎnwò	루안워
34	비행기	飞机	飛機	fēijī	페이찌
35	공항	机场	機場	jīchǎng	찌창
36	여권	护照	護照	hùzhào	후쨔오
37	주민등록증	身份证	身分證	shēnfènzhèng	션펀쩡
38	연착하다	晚点	晚點	wǎndiǎn	완디엔
39	이륙	起飞	起飛	qǐfēi	치페이
40	착륙	着陆	着陸	zhuólù	쮸어루
41	비자	签证	簽證	qiānzhèng	치엔쩡
42	항공사	航空公司	航空公司	hángkōng gōngsī	항콩 꽁쓰
43	안전벨트	安全带	安全帶	ānquándài	안취엔따이
44	현지시간	当地时间	當地時間	dāngdì shíjiān	땅띠 스지엔

주제별 어휘

물건 사기

번호	뜻	중국어(간체자)	한자(번체자)	한어병음	읽기
1	손님	客人	客人	kèrén	크어런
2	서비스	服务	服務	fúwù	푸우
3	가격	价格	價格	jiàgé	찌아그어
4	가격 흥정	讲价	講價	jiǎngjià	지앙찌아
5	노점	小摊儿	小攤兒	xiǎotānr	시아오탈
6	돈을 내다	交钱	交錢	jiāo qián	찌아오 치엔
7	물건	东西	東西	dōngxi	똥시
8	바겐세일	大减价	大減價	dàjiǎnjià	따지엔찌아
9	싸다	便宜	便宜	piányi	피엔이
10	비싸다	贵	貴	guì	꾸에이
11	사이즈	大小	大小	dàxiǎo	따시아오
12	슈퍼마켓	超市	超市	chāoshì	챠오스
13	얼마에요?	多少钱?	多少錢?	Duō shǎo qián?	뚜어 샤오 치엔?
14	주세요	给我	給我	gěi wǒ	게이 워
15	적당하다	合适	合適	héshì	흐어스
16	점원	售货员	售貨員	shòuhuòyuán	쇼우후어위엔
17	품질	质量	質量	zhìliàng	쯔리앙
18	백화점	百货商店	百貨商店	bǎihuòshāngdiàn	바이후어상띠엔
19	상표	牌子	牌子	páizi	파이즈
20	유명브랜드	名牌	名牌	míngpái	밍파이

번호	뜻	중국어(간체자)	한자(번체자)	한어병음	읽기
21	선물	礼物	禮物	lǐwù	리우
22	영수증	发票	發票	fāpiào	파피아오
23	할인	打折	打折	dǎzhé	다져
24	반품하다	退货	退貨	tuìhuò	투에이후어
25	구매	购买	購買	gòumǎi	꼬우마이
26	사은품	赠品	贈品	zèngpǐn	쩡핀
27	카드 결제하다	刷卡	刷卡	shuākǎ	슈아카
28	유행	流行	流行	liúxíng	리우싱
29	탈의실	试衣间	試衣間	shìyījiān	스이지엔
30	계산대	收银台	收銀台	shōuyíntái	쇼우인타이

■ 전화 하기

번호	뜻	중국어(간체자)	한자(번체자)	한어병음	읽기
1	여보세요	喂	喂	wéi	웨이
2	걸다	打	打	dǎ	다
3	(다이얼을) 누르다	拨	撥	bō	뽀어
4	OO있나요?	OO在吗?	OO在嗎?	OOzài ma?	OO짜이 마?
5	잘못 걸다	打错了	打錯了	dǎ cuò le	다 추어 러
6	공중전화	公用电话	公用電話	gōngyòng diànhuà	꽁용 띠엔화

주제별 어휘

번호	뜻	중국어(간체자)	한자(번체자)	한어병음	읽기
7	무료전화	免费电话	免費電話	miǎnfèi diànhuà	미엔페이 띠엔화
8	국제전화	国际电话	國際電話	guójì diànhuà	구어지 띠엔화
9	국가번호	国际代码	國際代碼	guójì dàimǎ	구어지 따이마
10	지역번호	区号	區號	qūhào	취하오
11	보내다	发	發	fā	파
12	문자 메시지	短信	短信	duǎnxìn	뚜안신
13	시외전화	长途电话	長途電話	chángtú diànhuà	창투 띠엔화
14	전화 받다	接电话	接電話	jiē diànhuà	찌에 띠엔화
15	전화번호	电话号码	電話號碼	diànhuà hàomǎ	띠엔화 하오마
16	전화카드	电话卡	電話卡	diànhuàkǎ	띠엔화카
17	통화 중	占线	占線	zhànxiàn	짠시엔
18	통화 요금	话费	話費	huàfèi	화페이
19	휴대전화	手机	手機	shǒujī	쇼우찌
20	휴대전화번호	手机号(码)	手機號(碼)	shǒujīhào(mǎ)	쇼우찌하오(마)
21	스마트폰	智能手机	智能手機	zhìnéng shǒujī	쯔넝 쇼우찌

인터넷

번호	뜻	중국어(간체자)	한자(번체자)	한어병음	읽기
1	인터넷	网络	網絡	wǎngluò	왕루어
2	"	因特网	因特網	yīntèwǎng	인트어왕
3	인터넷에 접속하다	上网	上網	shàngwǎng	샹왕
4	온라인게임	网络游戏	網絡遊戲	wǎngluò yóuxì	왕루어 요우시
5	와이파이	无线网络	無線網絡	wúxiàn wǎngluò	우시엔 왕루어
6	전송하다	传	傳	chuán	추안
7	데이터	资料	資料	zīliào	쯔리아오
8	동영상	视频	視頻	shìpín	스핀
9	아이디	用户名	用戶名	yònghùmíng	용후밍
10	비밀번호	密码	密碼	mìmǎ	미마
11	이메일	电子邮件	電子郵件	diànzǐ yóujiàn	띠엔즈 요우찌엔
12	노트북	笔记本电脑	筆記本電腦	bǐjìběn diànnǎo	비찌번 띠엔나오
13	검색하다	搜索	搜索	sōusuǒ	쏘우쑤어
14	웹사이트	网站	網站	wǎngzhàn	왕짠
15	홈페이지주소	网址	網址	wǎngzhǐ	왕쯔
16	인터넷쇼핑	网上购买	網上購買	wǎngshàng gòumǎi	왕샹 꼬우마이
17	업로드	上传	上傳	shàngchuán	샹추안
18	다운로드	下载	下載	xiàzǎi	시아짜이
19	PC방	网吧	網吧	wǎngbā	왕빠
20	바이러스	病毒	病毒	bìngdú	삥두
21	블로그	博客	博客	bókè	보어크어

주제별 어휘

■ 건강

번호	뜻	중국어(간체자)	한자(번체자)	한어병음	읽기
1	병원	医院	醫院	yīyuàn	이위엔
2	의사	医生	醫生	yīshēng	이셩
3	"	大夫	大夫	dàifu	따이푸
4	간호사	护士	護士	hùshi	후스
5	진찰하다	看病	看病	kànbìng	칸삥
6	수술	手术	手術	shǒushù	쇼우슈
7	아프다	病	病	bìng	삥
8	환자	病人	病人	bìngrén	삥런
9	입원	住院	住院	zhùyuàn	쭈위엔
10	퇴원	出院	出院	chūyuàn	츄위엔
11	기침하다	咳嗽	咳嗽	késou	크어써우
12	열나다	发烧	發燒	fāshāo	파샤오
13	체온	体温	體溫	tǐwēn	티원
14	설사가 나다	拉肚子	拉肚子	lā dùzi	라 뚜즈
15	콧물이 나다	流鼻涕	流鼻涕	liú bítì	리어우 비티
16	목이 아프다	嗓子疼	嗓子疼	sǎngzi téng	쌍즈 텅
17	염증을 일으키다	发炎	發炎	fā yán	파 옌
18	건강	健康	健康	jiànkāng	찌엔캉
19	금연하다	戒烟	戒煙	jièyān	찌에옌
20	약국	药店	藥店	yàodiàn	야오띠엔

번호	뜻	중국어(간체자)	한자(번체자)	한어병음	읽기
21	처방전	处方	處方	chǔfāng	츄팡
22	비타민	维生素	維生素	wéishēngsù	웨이성수
23	복용하다	服用	服用	fúyòng	푸용
24	감기	感冒	感冒	gǎnmào	간마오
25	감기약	感冒药	感冒藥	gǎnmàoyào	간마오야오
26	마스크	口罩	口罩	kǒuzhào	커우짜오
27	비염	鼻炎	鼻炎	bíyán	비옌
28	고혈압	高血压	高血壓	gāoxuèyā	까오쉬에야
29	골절	骨折	骨折	gǔzhé	구져
30	두통	头疼	頭疼	tóuténg	터우텅
31	알레르기	过敏	過敏	guòmǐn	꾸어민
32	암	癌症	癌症	áizhèng	아이쩡
33	전염병	传染病	傳染病	chuánrǎnbìng	추안란삥
34	정신병	精神病	精神病	jīngshénbìng	찡션삥
35	혈액형	血型	血型	xuèxíng	쉬에싱
36	주사 놓다	打针	打針	dǎzhēn	다쩐

주제별 어휘

학교

번호	뜻	중국어(간체자)	한자(번체자)	한어병음	읽기
1	초등학교	小学	小學	xiǎoxué	시아오쉬에
2	중학교	初中	初中	chūzhōng	츄쫑
3	고등학교	高中	高中	gāozhōng	까오쫑
4	중·고등학교	中学	中學	zhōngxué	쫑쉬에
5	대학교	大学	大學	dàxué	따쉬에
6	교실	教室	教室	jiàoshì	찌아오스
7	식당	食堂	食堂	shítáng	스탕
8	운동장	操场	操場	cāochǎng	차오챵
9	기숙사	宿舍	宿舍	sùshè	쑤스어
10	도서관	图书馆	圖書館	túshūguǎn	투슈관
11	교무실	办公室	辦公室	bàngōngshì	빤꽁스
12	학생	学生	學生	xuésheng	쉬에성
13	초등학생	小学生	小學生	xiǎoxuéshēng	시아오쉬에성
14	중학생	中学生	中學生	zhōngxuéshēng	쫑쉬에성
15	고등학생	高中生	高中生	gāozhōngshēng	까오쫑성
16	대학생	大学生	大學生	dàxuéshēng	따쉬에성
17	유학생	留学生	留學生	liúxuéshēng	리어우쉬에성
18	졸업생	毕业生	畢業生	bìyèshēng	삐예성
19	교사 '선생님'의 어기	老师	老師	lǎoshī	라오스
20	" '교사'의 어기	教师	教師	jiàoshī	찌아오스

번호	뜻	중국어(간체자)	한자(번체자)	한어병음	읽기
21	교장	校长	校長	xiàozhǎng	시아오쟝
22	교수	教授	教授	jiàoshòu	찌아오쇼우
23	국어	语文	語文	yǔwén	위원
24	수학	数学	數學	shùxué	슈쉬에
25	영어	英文	英文	yīngwén	잉원
26	과학	科学	科學	kēxué	크어쉬에
27	음악	音乐	音樂	yīnyuè	인위에
28	미술	美术	美術	měishù	메이슈
29	체육	体育	體育	tǐyù	티위
30	입학하다	入学	入學	rùxué	루쉬에
31	졸업하다	毕业	畢業	bìyè	삐예
32	학년	年级	年級	niánjí	니앤지
33	전공	专业	專業	zhuānyè	쭈안예
34	공부하다	学习	學習	xuéxí	쉬에시
35	수업을 시작하다	上课	上課	shàngkè	샹크어
36	수업을 마치다	下课	下課	xiàkè	시아크어
37	출석을 부르다	点名	點名	diǎnmíng	띠엔밍
38	지각하다	迟到	遲到	chídào	츠따오
39	예습하다	预习	預習	yùxí	위시
40	복습하다	复习	復習	fùxí	푸시

주제별 어휘

번호	뜻	중국어(간체자)	한자(번체자)	한어병음	읽기
41	숙제를 하다	做作业	做作業	zuò zuòyè	쭈어 쭈어예
42	시험을 치다	考试	考試	kǎoshì	카오스
43	합격하다	考上	考上	kǎoshàng	카오샹
44	중간고사	期中考试	期中考試	qīzhōngkǎoshì	치쭝카오스
45	기말고사	起末考试	起末考試	qǐmòkǎoshì	치모어카오스
46	여름방학	暑假	暑假	shǔjià	슈찌아
47	겨울방학	寒假	寒假	hánjià	한찌아
48	성적	成绩	成績	chéngjì	청찌
49	교과서	课本	課本	kèběn	크어번
50	칠판	黑板	黑板	hēibǎn	헤이반
51	분필	粉笔	粉筆	fěnbǐ	펀비

취미

번호	뜻	중국어(간체자)	한자(번체자)	한어병음	읽기
1	취미	爱好	愛好	àihào	아이하오
2	OO마니아	OO迷	OO迷	OOmí	OO미
3	축구마니아	球迷	球迷	qiúmí	치어우미
4	여가 시간	业余时间	業餘時間	yèyú shíjiān	예위 스지엔
5	좋아하다	喜欢	喜歡	xǐhuan	시환

번호	뜻	중국어(간체자)	한자(번체자)	한어병음	읽기
6	독서	读书	讀書	dúshū	두슈
7	음악 감상	听音乐	聽音樂	tīng yīnyuè	팅 인위에
8	영화 감상	看电影	看電影	kàn diànyǐng	칸 띠엔잉
9	텔레비전 시청	看电视	看電視	kàn diànshì	칸 띠엔스
10	연극 관람	看话剧	看話劇	kàn huàjù	칸 화쮜
11	우표 수집	集邮	集郵	jíyóu	지요우
12	등산	登山	登山	dēngshān	떵샨
13	바둑	围棋	圍棋	wéiqí	웨이치
14	노래 부르기	唱歌	唱歌	chànggē	창끄어
15	춤추기	跳舞	跳舞	tiàowǔ	티아오우
16	여행하기	旅游	旅遊	lǚyóu	뤼요우
17	게임하기	玩游戏	玩遊戲	wán yóuxì	완 요우시
18	요리	做菜	做菜	zuòcài	쭈어차이
19	운동	运动	運動	yùndòng	윈똥
20	야구(하다)	(打)棒球	(打)棒球	(dǎ)bàngqiú	(다)빵치어우
21	농구(하다)	(打)篮球	(打)籃球	(dǎ)lánqiú	(다)란치어우
22	축구(하다)	(踢)足球	(踢)足球	(tī)zúqiú	(티)주치어우
23	볼링(치다)	(打)保龄球	(打)保齡球	(dǎ)bǎolíngqiú	(다)빠오링치어우
24	배드민턴(치다)	(打)羽毛球	(打)羽毛球	(dǎ)yǔmáoqiú	(다)위마오치어우
25	탁구(치다)	(打)乒乓球	(打)乒乓球	(dǎ)pīngpāngqiú	(다)핑팡치어우

주제별 어휘

번호	뜻	중국어(간체자)	한자(번체자)	한어병음	읽기
26	태권도	跆拳道	跆拳道	táiquándào	타이취엔따오
27	태극권	太极拳	太極拳	tàijíquán	타이지취엔
28	스키(타다)	滑雪	滑雪	huáxuě	화슈에
29	스케이팅	滑冰	滑冰	huábīng	화삥
30	수영(하다)	游泳	遊泳	yóuyǒng	요우용

▌ 여행

번호	뜻	중국어(간체자)	한자(번체자)	한어병음	읽기
1	여행(하다)	旅游	旅遊	lǚyóu	뤼요우
2	유람하다	游览	遊覽	yóulǎn	요우란
3	가이드	导游	導遊	dǎoyóu	다오요우
4	투어 팀	旅游团	旅遊團	lǚyóutuán	뤼요우투안
5	여행사	旅行社	旅行社	lǚxíngshè	뤼싱스어
6	관광명소	旅游胜地	旅遊勝地	lǚyóu shèngdì	뤼요우 성띠
7	관광특구	风景区	風景區	fēngjǐngqū	펑징취
8	명승지	名胜古迹	名勝古跡	míngshèng gǔjì	밍성 구찌
9	기념품	纪念品	紀念品	jìniànpǐn	찌니엔핀
10	무료	免费	免費	miǎnfèi	미엔페이

번호	뜻	중국어(간체자)	한자(번체자)	한어병음	읽기
11	유료	收费	收費	shōufèi	쇼우페이
12	할인티켓	打折票	打折票	dǎzhépiào	다져피아오
13	고궁	故宫	故宮	Gùgōng	꾸꽁
14	만리장성	长城	長城	Chángchéng	창청
15	서호	西湖	西湖	Xīhú	시후
16	천안문	天安门	天安門	Tiān'ānmén	티엔안먼
17	천단공원	天坛公园	天壇公園	Tiāntán gōngyuán	티엔탄 꽁위엔
18	이화원	颐和园	頤和園	Yíhéyuán	이흐어위엔
19	호텔	饭店	飯店	fàndiàn	판띠엔
20	"	酒店	酒店	jiǔdiàn	지어우띠엔
21	"	宾馆	賓館	bīnguǎn	삔관
22	여관	旅店	旅店	lǚdiàn	뤼띠엔
23	체크인	登记	登記	dēngjì	떵찌
24	체크아웃	退房	退房	tuìfáng	투에이팡
25	빈 방	空房	空房	kōngfáng	콩팡
26	보증금	押金	押金	yājīn	야찐
27	숙박비	房费	房費	fángfèi	팡페이
28	호실	房间号码	房間號碼	fángjiān hàomǎ	팡지엔 하오마
29	팁	小费	小費	xiǎofèi	시아오페이
30	싱글룸	单人房间	單人房間	dānrén fángjiān	딴런 팡지엔

주제별 어휘

번호	뜻	중국어(간체자)	한자(번체자)	한어병음	읽기
31	트윈룸	双人房间	雙人房間	shuāngrén fángjiān	슈왕런 팡지엔
32	스탠다드 룸	标准间	標准間	biāozhǔnjiān	삐아오쥰지엔
33	일박하다	住一天	住一天	zhù yì tiān	쭈 이 티엔
34	카드키	钥匙卡	鑰匙卡	yàoshikǎ	야오스카
35	로비	大厅	大廳	dàtīng	따팅
36	룸서비스	房间服务	房間服務	fángjiān fúwù	팡지엔 푸우
37	식당	餐厅	餐廳	cāntīng	찬팅
38	뷔페	自助餐	自助餐	zìzhùcān	쯔쭈찬
39	프런트데스크	服务台	服務台	fúwùtái	푸우타이

날씨

번호	뜻	중국어(간체자)	한자(번체자)	한어병음	읽기
1	날씨	天气	天氣	tiānqì	티엔치
2	일기예보	天气预报	天氣預報	tiānqìyùbào	티엔치 위빠오
3	기온	气温	氣溫	qìwēn	치원
4	최고기온	最高气温	最高氣溫	zuìgāo qìwēn	쭈에이까오 치원
5	최저기온	最低气温	最低氣溫	zuìdī qìwēn	쭈에이띠 치원
6	도	度	度	dù	뚜
7	영상	零上	零上	língshàng	링샹

번호	뜻	중국어(간체자)	한자(번체자)	한어병음	읽기
8	영하	零下	零下	língxià	링시아
9	덥다	热	熱	rè	르어
10	따뜻하다	暖和	暖和	nuǎnhuo	누안후어
11	시원하다	凉快	涼快	liángkuài	리앙콰이
12	춥다	冷	冷	lěng	렁
13	흐린 하늘	阴天	陰天	yīntiān	인티엔
14	맑은 날	晴天	晴天	qíngtiān	칭티엔
15	비가 오다	下雨	下雨	xiàyǔ	시아위
16	눈이 내리다	下雪	下雪	xiàxuě	시아쉬에
17	건조하다	干燥	乾燥	gānzào	깐짜오
18	습하다	潮湿	潮濕	cháoshī	챠오스
19	가랑비	小雨	小雨	xiǎoyǔ	시아오위
20	구름이 많이 끼다	多云	多雲	duōyún	뚜어윈
21	보슬비	细雨	細雨	xìyǔ	시위
22	천둥치다	打雷	打雷	dǎléi	따레이
23	번개	闪电	閃電	shǎndiàn	산띠엔
24	태풍	台风	台風	táifēng	타이펑
25	폭우	暴雨	暴雨	bàoyǔ	빠오위
26	폭설	暴雪	暴雪	bàoxuě	빠오쉬에
27	황사	沙尘暴	沙塵暴	shāchénbào	샤천빠오
28	장마	梅雨	梅雨	méiyǔ	메이위

주제별 어휘

■ 은행

번호	뜻	중국어(간체자)	한자(번체자)	한어병음	읽기
1	은행	银行	銀行	yínháng	인항
2	예금하다	存款	存款	cúnkuǎn	춘쿠완
3	인출하다	取款	取款	qǔkuǎn	취쿠완
4	환전하다	换钱	換錢	huànqián	환치엔
5	송금하다	汇款	彙款	huìkuǎn	후에이쿠완
6	예금주	储户	儲戶	chǔhù	추후
7	예금통장	存折	存折	cúnzhé	춘져
8	계좌	户头	戶頭	hùtóu	후토우
9	계좌번호	帐号	帳號	zhànghào	짱하오
10	원금	本金	本金	běnjīn	뻔찐
11	이자	利息	利息	lìxī	리시
12	잔여금액	余额	餘額	yú'é	위으어
13	비밀번호	密码	密碼	mìmǎ	미마
14	현금카드	银行卡	銀行卡	yínhángkǎ	인항카
15	현금 인출기	自动取款机	自動取款機	zìdòng qǔkuǎnjī	쯔똥 취쿠완찌
16	수수료	手续费	手續費	shǒuxùfèi	쇼우쉬페이
17	현금	现金	現金	xiànjīn	씨엔찐
18	인민폐	人民币	人民幣	rénmínbì	런민삐
19	한국화폐	韩币	韓幣	hánbì	한삐
20	미국달러	美元	美元	měiyuán	메이위엔

번호	뜻	중국어(간체자)	한자(번체자)	한어병음	읽기
21	외국화폐	外币	外幣	wàibì	와이삐
22	환율	汇率	彙率	huìlǜ	후에이뤼
23	환전소	兑换处	兌換處	duìhuànchù	뚜에이환추
24	신용카드	信用卡	信用卡	xìnyòngkǎ	신용카
25	대출	贷款	貸款	dàikuǎn	따이쿠완
26	인터넷뱅킹	网上银行	網上銀行	wǎngshàng yínháng	왕샹 인항
27	폰뱅킹	电话银行	電話銀行	diànhuà yínháng	띠엔화 인항

우체국

번호	뜻	중국어(간체자)	한자(번체자)	한어병음	읽기
1	우체국	邮局	郵局	yóujú	요우쥐
2	편지	信	信	xìn	신
3	편지봉투	信封	信封	xìnfēng	신펑
4	소포	包裹	包裹	bāoguǒ	빠오구어
5	부치다	寄	寄	jì	찌
6	보내는 사람	寄件人	寄件人	jìjiànrén	찌찌엔런
7	받는 사람	收件人	收件人	shōujiànrén	쇼우찌엔런
8	우편물	邮件	郵件	yóujiàn	요우찌엔
9	우편번호	邮政编码	郵政編碼	yóuzhèngbiānmǎ	요우쩡삐엔마

주제별 어휘

번호	뜻	중국어(간체자)	한자(번체자)	한어병음	읽기
10	우편요금	邮费	郵費	yóufèi	요우페이
11	우체통	邮筒	郵筒	yóutǒng	요우통
12	우표	邮票	郵票	yóupiào	요우피아오
13	주소	地址	地址	dìzhǐ	띠즈
14	항공우편	航空信	航空信	hángkōngxìn	항콩신
15	EMS	邮政特快专递	郵政特快專遞	yóuzhèng tèkuàizhuāndì	요우쩡 트어콰이쮸안띠

02
한중일 공용 한자
808자

2 장
한중일 공용한자 808字

한자문화권에 속한 한·중·일 3국의 대표로 구성된 30인 명인회에서 2013년 7월에 선정한 **'한중일 공용 한자 808자'**는 2013년 10월 중국 인민 대학에서 개최한 최종심의위원회의 심의를 거쳐 최종 808자로 확정되었다.

한중일 3국의 공동 상용한자의 표준으로 최종 선정한 808자는 다음의 선정 과정을 거쳤다. 먼저 한국은 '한문교육용 기초 한자표' 中 중학교용 801字와 고등학교용 7字를 더해 최종 선택되었으며, 중국은 '현대한어 상용자표' 中 상용자 801字 외에 최상용자 7字를, 일본은 '교육 한자표'의 701字와 '상용한자표'의 98字를 더해 최종 선택되었다.

본 내용은 최근 '한중일 공동상용 팔백한자총표'에 선정된 808자를 정자(한국), 간체자(중국), 약자(일본)와 함께 정리하여 편집하였다.
*참고: 학습의 편의를 위해 급수별로 분류함(한국어문회 기준)

한중일 공용 한자 808자 중 **8급**에 해당하는 한자

번호	韓國	中國	日本
1	校 학교 교 (school)	校 xiào 시아오	校 こう 코오
2	敎 가르칠 교 (teach)	教 jiāo 찌아오	教 きょう 쿄오
3	九 아홉 구 (nine)	九 jiǔ 지어우	九 きゅう 큐우
4	國 나라 국 (nation)	国 guó 구어	国 こく 코쿠
5	軍 군사 군 (army)	军 jūn 쥔	軍 ぐん 군
6	金 쇠/성 금/김 (gold)	金 jīn 찐	金 きん 킨
7	南 남녘 남 (south)	南 nán 난	南 なん 난
8	年 해 년 (year)	年 nián 니엔	年 ねん 넨
9	大 클 대 (big)	大 dà 따	大 だい 다이
10	東 동녘 동 (east)	东 dōng 똥	東 とう 토오
11	萬 일만 만 (ten thousand)	万 wàn 완	万 まん 만
12	母 어미/어머니 모 (mother)	母 mǔ 무	母 ぼ 보
13	木 나무 목 (tree)	木 mù 무	木 もく 모쿠
14	門 문 문 (gate)	门 mén 먼	門 もん 몬
15	民 백성 민 (people)	民 mín 민	民 みん 민
16	白 흰 백 (white)	白 bái 바이	白 はく 하쿠
17	父 아비/아버지 부 (father)	父 fù 푸	父 ふ 후
18	北 북녘 북 (north)	北 běi 베이	北 ほく 호쿠
19	四 넉 사 (four)	四 sì 쓰	四 し 시
20	山 메 산 (mountain)	山 shān 샨	山 さん 산

번호	韓國	中國	日本
21	三 석 삼 (three)	三 sān 싼	三 さん 산
22	生 날 생 (live)	生 shēng 셩	生 しょう 쇼오
23	西 서녘 서 (west)	西 xī 시	西 さい 사이
24	先 먼저 선 (first)	先 xiān 시엔	先 せん 센
25	小 작을 소 (small)	小 xiǎo 시아오	小 しょう 쇼오
26	水 물 수 (water)	水 shuǐ 슈에이	水 すい 스이
27	室 집 실 (room)	室 shì 스	室 しつ 시쯔
28	十 열 십 (ten)	十 shí 스	十 じゅう 쥬우
29	女 계집/여자 여 (woman)	女 nǚ 뉘	女 じょ 죠
30	五 다섯 오 (five)	五 wǔ 우	五 ご 고

번호	韓國	中國	日本
31	王 임금 왕 (king)	王 wáng 왕	王 おう 오오
32	外 바깥 외 (outside)	外 wài 와이	外 がい 가이
33	月 달 월 (month)	月 yuè 위에	月 がつ 게쯔
34	六 여섯 육 (six)	六 liù 리어우	六 ろく 로쿠
35	二 두 이 (two)	二 èr 얼	二 に 니
36	人 사람 인 (person)	人 rén 런	人 じん 진
37	一 한/하나 일 (one)	一 yī 이	一 いち 이찌
38	日 날 일 (day)	日 rì 르	日 にち 니찌
39	長 긴/어른 장 (long)	长 cháng 창	長 ちょう 쵸오
40	弟 아우 제 (younger brother)	弟 dì 띠	弟 てい 데이

한중일 공용 한자 808자 중 **7급** 에 해당하는 한자

번호	韓國	中國	日本
41	中 가운데 중 (middle)	中 zhōng 쭝	中 ちゅう 츄우
42	靑 푸를 청 (blue)	青 qīng 칭	青 せい 세이
43	寸 마디 촌 (inch)	寸 cùn 춘	寸 すん 슨
44	七 일곱 칠 (seven)	七 qī 치	七 しち 시찌
45	土 흙 토 (soil)	土 tǔ 투	土 ど 도
46	八 여덟 팔 (eight)	八 bā 빠	八 はち 하찌
47	學 배울 학 (learn)	学 xué 쉬에	学 がく 가쿠
48	韓 나라/한국 한 (korea)	韩 hán 한	韓 かん 칸
49	兄 맏/형 형 (elder brother)	兄 xiōng 시옹	兄 けい 케이
50	火 불 화 (fire)	火 huǒ 후오	火 か 카

번호	韓國	中國	日本
1	家 집 가 (house)	家 jiā 지아	家 か 카
2	歌 노래 가 (song)	歌 gē 끄어	歌 か 카
3	間 사이 간 (between)	间 jiān 지엔	間 かん 칸
4	江 강 강 (river)	江 jiāng 지앙	江 こう 코오
5	工 장인/기능 공 (artisan)	工 gōng 꿍	工 こう 코오
6	空 빌 공 (empty)	空 kōng 콩	空 くう 쿠우
7	口 입 구 (mouth)	口 kǒu 커우	口 こう 코오
8	氣 기운/기세 기 (air)	气 qì 치	気 き 키
9	記 기록할/적을 기 (record)	记 jì 찌	記 き 키
10	男 사내 남 (man)	男 nán 난	男 だん 단

번호	韓國	中國	日本
11	內 안 내 (inside)	内 nèi 네이	内 ない 나이
12	農 농사 농 (agriculture)	农 nóng 농	農 のう 노오
13	答 대답 답 (answer)	答 dá 다	答 とう 토오
14	道 길 도 (road)	道 dào 따오	道 どう 도오
15	冬 겨울 동 (winter)	冬 dōng 똥	冬 とう 토오
16	同 같을/한가지 동 (same)	同 tóng 통	同 どう 도오
17	動 움직일 동 (move)	动 dòng 똥	動 どう 도오
18	登 오를 등 (climb)	登 dēng 떵	登 とう 토오
19	來 올 래(내) (come)	来 lái 라이	来 らい 라이
20	力 힘 력(역) (strength)	力 lì 리	力 りき 리키

번호	韓國	中國	日本
21	老 늙을 로(노) (aged)	老 lǎo 라오	老 ろう 로오
22	里 마을 리(이) (village)	里 lǐ 리	里 り 리
23	林 수풀 림(임) (forest)	林 lín 린	林 りん 린
24	立 설 립(입) (stand)	立 lì 리	立 りつ 리쯔
25	每 매양/늘 매 (always)	每 měi 메이	毎 まい 마이
26	面 낯/얼굴/겉 면 (face)	面 miàn 미엔	面 めん 멘
27	名 이름 명 (name)	名 míng 밍	名 めい 메이
28	命 목숨 명 (life)	命 mìng 밍	命 めい 메이
29	文 글월/글 문 (sentence)	文 wén 원	文 ぶん 분
30	問 물을 문 (ask)	问 wèn 원	問 もん 몬

번호	韓國	中國	日本
31	物 물건/만물 물 (matter)	物 wù 우	物 ぶつ 부쯔
32	方 모/네모 방 (square)	方 fāng 팡	方 ほう 호오
33	百 일백 백 (hundred)	百 bǎi 바이	百 ひゃく 햐쿠
34	夫 지아비/사내 부 (husband)	夫 fū 푸	夫 ふ 후
35	不 아니 불/부 (not)	不 bù 뿌	不 ふ 후
36	事 일 사 (business)	事 shì 스	事 じ 지
37	算 셈 산 (count)	算 suàn 쑤안	算 さん 산
38	上 윗 상 (above)	上 shàng 샹	上 じょう 죠오
39	色 빛 색 (colour)	色 sè 쓰어	色 しょく 쇼쿠
40	夕 저녁 석 (evening)	夕 xī 시	夕 せき 세끼

번호	韓國	中國	日本
41	姓 성 성 (surname)	姓 xìng 씽	姓 せい 세이
42	世 세상/인간 세 (world)	世 shì 스	世 せい 세이
43	少 적을 소 (young)	少 shǎo 샤오	少 しょう 쇼오
44	所 바/곳 소 (place)	所 suǒ 수어	所 しょ 쇼
45	手 손 수 (hand)	手 shǒu 셔우	手 しゅ 슈
46	數 셀 수 (number)	数 shǔ 슈	数 すう 스으
47	市 저자/시장 시 (market)	市 shì 스	市 し 시
48	時 때/철 시 (season)	时 shí 스	時 じ 지
49	食 밥 식 (food)	食 shí 스	食 しょく 쇼쿠
50	植 심을 식 (plant)	植 zhí 즈	植 しょく 쇼쿠

번호	韓國	中國	日本
51	心 마음 심 (mind)	心 xīn 신	心 しん 신
52	安 편안 안 (peaceful)	安 ān 안	安 あん 안
53	語 말씀 어 (words)	语 yǔ 위	語 ご 고
54	然 그러할 연 (so)	然 rán 란	然 ぜん 젠
55	午 낮 오 (noon)	午 wǔ 우	午 ご 고
56	右 오른쪽 우 (right)	右 yòu 여우	右 う 우
57	有 있을 유 (exist)	有 yǒu 여우	有 ゆう 유우
58	育 기를 육 (bring up)	育 yù 위	育 いく 이쿠
59	入 들 입 (enter)	入 rù 루	入 にゅう 뉴우
60	子 아들 자 (son)	子 zǐ 즈	子 し 시

번호	韓國	中國	日本
61	自 스스로 자 (self)	自 zì 쯔	自 じ 지
62	字 글자 자 (letter)	字 zì 쯔	字 じ 지
63	場 마당 장 (place)	场 chǎng 창	場 じょう 죠오
64	全 온전/무사할 전 (perfect)	全 quán 취엔	全 ぜん 젠
65	前 앞 전 (front)	前 qián 치엔	前 ぜん 젠
66	電 번개/전기 전 (lightning)	电 diàn 띠엔	電 でん 덴
67	正 바를 정 (right)	正 zhèng 쩡	正 せい 세이
68	祖 조상/할아버지 조 (ancestor)	祖 zǔ 주	祖 そ 소
69	足 발 족 (feet)	足 zú 주	足 そく 소쿠
70	左 왼 좌 (left)	左 zuǒ 주어	左 さ 사

번호	韓國	中國	日本
71	主 주인/임금 주 (owner)	主 zhǔ 주	主 しゅ 슈
72	住 살 주 (dwell)	住 zhù 쭈	住 じゅう 쥬우
73	重 무거울 중 (heavy)	重 zhòng 쭝	重 じゅう 쥬우
74	地 땅/따 지 (earth)	地 dì 띠	地 じ 지
75	紙 종이 지 (paper)	纸 zhǐ 즈	紙 し 시
76	直 곧을/바를 직 (straight)	直 zhí 즈	直 ちょく 쵸쿠
77	車 수레 차/거 (cart)	车 chē 쳐	車 しゃ 샤
78	千 일천 천 (thousand)	千 qiān 치엔	千 せん 센
79	川 내 천 (stream)	川 chuān 추안	川 せん 센
80	天 하늘 천 (heaven)	天 tiān 티엔	天 てん 텐

번호	韓國	中國	日本
81	草 풀 초 (grass)	草 cǎo 차오	草 そう 소오
82	村 마을 촌 (village)	村 cūn 춘	村 そん 손
83	秋 가을 추 (autumn)	秋 qiū 치어우	秋 しゅう 슈우
84	春 봄 춘 (spring)	春 chūn 춘	春 しゅん 슌
85	出 날/나갈 출 (come out)	出 chū 츄	出 しゅつ 슈쯔
86	便 편할 편 (convenient)	便 biàn 삐엔	便 べん 벤
87	平 평평할 평 (even)	平 píng 핑	平 へい 헤이
88	下 아래 하 (below)	下 xià 시아	下 か 카
89	夏 여름 하 (summer)	夏 xià 시아	夏 か 카
90	漢 한수/한나라 한 (han)	汉 hàn 한	漢 かん 칸

한중일 공용 한자 808자 중 6급에 해당하는 한자

번호	韓國	中國	日本
91	海 바다 해 (sea)	海 hǎi 하이	海 かい 카이
92	花 꽃 화 (flower)	花 huā 후아	花 か 카
93	話 말씀 화 (words)	话 huà 후아	話 わ 와
94	活 살 활 (live)	活 huó 후어	活 かつ 카쯔
95	孝 효도 효 (filial piety)	孝 xiào 시아오	孝 こう 코오
96	後 뒤 후 (after)	后 hòu 허우	後 こう 코오
97	休 쉴 휴 (rest)	休 xiū 시어우	休 きゅう 큐우

번호	韓國	中國	日本
1	各 따로/각각 각 (each)	各 gè 끄어	各 かく 카쿠
2	角 뿔 각 (horn)	角 jiǎo 지아오	角 かく 카쿠
3	感 느낄 감 (feel)	感 gǎn 간	感 かん 칸
4	强/強 굳셀 강 (strong)	强 qiáng 치앙	強 きょう 쿄우
5	開 열 개 (open)	开 kāi 카이	開 かい 카이
6	京 서울/도읍 경 (capital)	京 jīng 찡	京 きょう 쿄오
7	計 셈할 계 (calculate)	计 jì 찌	計 けい 케이
8	界 지경/경계 계 (boundary)	界 jiè 찌에	界 かい 카이
9	古 옛/예 고 (old)	古 gǔ 꾸	古 こ 코
10	苦 괴로울/쓸 고 (bitter)	苦 kǔ 쿠	苦 く 쿠

번호	韓國	中國	日本
11	高 높을 고 high	高 gāo 까오	高 こう 코오
12	公 공평할 공 public	公 gōng 꿍	公 こう 코오
13	功 공/일 공 merits	功 gōng 꿍	功 こう 코오
14	共 함께/한가지 공 together	共 gòng 꿍	共 きょう 쿄오
15	果 열매/실과 과 fruit	果 guǒ 구어	果 か 카
16	科 과목/과정 과 subject	科 kē 크어	科 か 카
17	光 빛 광 light	光 guāng 꾸앙	光 こう 코오
18	交 사귈 교 associate	交 jiāo 지아오	交 こう 코오
19	區 구분할/지경 구 partition	区 qū 취	区 く 쿠
20	球 공/옥 구 ball	球 qiú 치어우	球 きゅう 큐우

번호	韓國	中國	日本
21	近 가까울 근 near	近 jìn 찐	近 きん 킨
22	根 뿌리 근 root	根 gēn 껀	根 こん 콘
23	今 이제 금 now	今 jīn 찐	今 こん 콘
24	急 급할 급 urgent	急 jí 지	急 きゅう 큐우
25	多 많을 다 many	多 duō 뚜어	多 た 타
26	短 짧을 단 short	短 duǎn 두안	短 たん 탄
27	堂 집 당 hall	堂 táng 탕	堂 どう 도오
28	代 대신할 대 substitute	代 dài 따이	代 たい 타이
29	待 기다릴 대 wait	待 dài 따이	待 たい 타이
30	對 대답 대 reply	对 duì 뚜에이	対 たい 타이

번호	韓國	中國	日本
31	度 법도 도 law	度 dù 뚜	度 ど 도
32	圖 그림 도 map	图 tú 투	図 ず 즈
33	讀 읽을 독 read	读 dú 두	読 とく 도쿠
34	童 아이 동 child	童 tóng 통	童 どう 도
35	頭 머리 두 head	头 tóu 터우	頭 ず 즈
36	等 등급 등 grade	等 děng 덩	等 とう 도오
37	禮 예절 례 etiquette	礼 lǐ 리	礼 れい 레이
38	路 길 로 road	路 lù 루	路 ろ 로
39	綠 푸를 록 green	绿 lǜ 뤼	緑 りょく 료쿠
40	利 이로울 리 benefit	利 lì 리	利 り 리

번호	韓國	中國	日本
41	理 다스릴 리 govern	理 lǐ 리	理 り 리
42	明 밝을 명 bright	明 míng 밍	明 めい 메이
43	目 눈 목 eye	目 mù 무	目 もく 모쿠
44	聞 들을 문 hear	闻 wén 원	聞 ぶん 분
45	米 쌀 미 rice	米 mǐ 미	米 まい 마이
46	美 아름다울 미 beautiful	美 měi 메이	美 び 비
47	反 돌이킬 반 against	反 fǎn 판	反 はん 한
48	半 반 반 half	半 bàn 빤	半 はん 한
49	發 필 발 flower	发 fā 파	発 はつ 하쯔
50	放 놓을 방 release	放 fàng 팡	放 ほう 호오

번호	韓國	中國	日本
51	番 차례 번 turn	番 fān 판	番 ばん 반
52	別 다를/나눌 별 parting	别 bié 비에	別 べつ 베쯔
53	病 병들/병 병 disease	病 bìng 삥	病 びょう 뵤오
54	服 옷 복 clothes	服 fú 푸	服 ふく 후쿠
55	本 근본 본 origin	本 běn 번	本 ほん 혼
56	部 떼 부 section	部 bù 뿌	部 ぶ 부
57	分 나눌 분 divide	分 fēn 펀	分 ぶん 분
58	死 죽을 사 die	死 sǐ 쓰	死 し 시
59	使 부릴/하여금 사 employ	使 shǐ 스	使 し 시
60	書 글 서 write	书 shū 슈	書 しょ 쇼
61	石 돌 석 stone	石 shí 스	石 せき 세끼
62	席 자리 석 seat	席 xí 시	席 せき 세끼
63	線 줄 선 line	线 xiàn 시엔	線 せん 센
64	雪 눈 설 snow	雪 xuě 쉬에	雪 せつ 세쯔
65	成 이룰 성 success	成 chéng 청	成 せい 세이
66	省 살필 성 watch	省 shěng 셩	省 せい 세이
67	消 꺼질/사라질 소 turn off	消 xiāo 시아오	消 しょう 쇼오
68	速 빠를 속 quick	速 sù 쑤	速 そく 소쿠
69	孫 손자 손 grandson	孙 sūn 쑨	孫 そん 손
70	樹 나무 수 tree	树 shù 슈	樹 じゅ 쥬

번호	韓國	中國	日本	번호	韓國	中國	日本
71	習 익힐 습 study	习 xí 시	習 しゅう 슈우	81	愛 사랑 애 love	爱 ài 아이	愛 あい 아이
72	勝 이길 승 win	胜 shèng 성	勝 しょう 쇼오	82	夜 밤 야 night	夜 yè 이에	夜 や 야
73	始 비로소/처음 시 begin	始 shǐ 스	始 し 시	83	野 들 야 wild	野 yě 이에	野 や 야
74	式 법 식 rule	式 shì 스	式 しき 시끼	84	弱 약할 약 weak	弱 ruò 루어	弱 じゃく 자쿠
75	身 몸 신 body	身 shēn 션	身 しん 신	85	藥 약 약 drugs	药 yào 야오	薬 やく 야쿠
76	信 믿을 신 faith	信 xìn 씬	信 しん 신	86	洋 큰바다 양 ocean	洋 yáng 양	洋 よう 요오
77	神 귀신 신 god	神 shén 션	神 しん 신	87	陽 볕 양 sun	阳 yáng 양	陽 よう 요오
78	新 새 신 new	新 xīn 신	新 しん 신	88	言 말씀 언 word	言 yán 이엔	言 げん 겐
79	失 잃을 실 lose	失 shī 스	失 しつ 시쯔	89	業 업 업 business	业 yè 이에	業 ぎょう 교오
80	樂 노래/즐길 악/락 music	乐 yuè/lè 위에/르어	楽 がく 가쿠	90	永 길 영 eternal	永 yǒng 용	永 えい 에이

번호	韓國	中國	日本
91	英 꽃부리 영 corolla	英 yīng 잉	英 えい 에이
92	例 법식/규칙 례(예) example	例 lì 리	例 れい 레이
93	溫 따뜻할 온 warm	温 wēn 원	温 おん 온
94	用 쓸 용 use	用 yòng 용	用 よう 요오
95	勇 날랠/용감할 용 brave	勇 yǒng 용	勇 ゆう 유우
96	運 움직일/옮길 운 transport	运 yùn 윈	運 うん 운
97	遠 멀 원 far	远 yuǎn 위엔	遠 えん 엔
98	園 동산/뜰 원 garden	园 yuán 위엔	園 えん 엔
99	由 말미암을/행할 유 cause	由 yóu 여우	由 ゆ 유
100	油 기름 유 oil	油 yóu 여우	油 ゆ 유

번호	韓國	中國	日本
101	銀 은 은 silver	银 yín 인	銀 ぎん 긴
102	音 소리 음 sound	音 yīn 인	音 おん 온
103	飮 마실 음 drink	饮 yǐn 인	飲 いん 인
104	衣 옷 의 clothes	衣 yī 이	衣 い 이
105	意 뜻 의 meaning	意 yì 이	意 い 이
106	醫 의원 의 doctor	医 yī 이	医 い 이
107	者 사람/놈 자 person	者 zhě 져	者 しゃ 샤
108	作 지을 작 make	作 zuò 쭈어	作 さく 사쿠
109	昨 어제/옛날 작 yesterday	昨 zuó 주어	昨 さく 사쿠
110	章 글 장 sentence	章 zhāng 짱	章 しょう 쇼오

번호	韓國	中國	日本	번호	韓國	中國	日本
111	才 재주 재 talent	才 cái 차이	才 さい 사이	121	晝 낮 주 daytime	昼 zhòu 쩌우	昼 ちゅう 츄우
112	在 있을 재 existence	在 zài 짜이	在 ざい 자이	122	集 모을 집 gather	集 jí 지	集 しゅう 슈우
113	戰 싸울 전 fight	战 zhàn 짠	戦 せん 센	123	窓 창 창 window	窗 chuāng 추앙	窓 そう 소우
114	定 정할 정 settle	定 dìng 띵	定 てい 데이	124	淸 맑을 청 clear	清 qīng 칭	清 せい 세이
115	庭 뜰 정 garden	庭 tíng 팅	庭 てい 데이	125	體 몸 체 body	体 tǐ 티	体 たい 타이
116	第 차례 제 order	第 dì 띠	第 だい 다이	126	親 친할 친 intimate	亲 qīn 친	親 しん 신
117	題 제목 제 subject	题 tí 티	題 だい 다이	127	太 클 태 big	太 tài 타이	太 たい 타이
118	朝 아침 조 morning	朝 zhāo 짜오	朝 ちょう 조오	128	通 통할 통 pass through	通 tōng 통	通 つう 츠으
119	族 겨레/무리 족 tribe	族 zú 주	族 ぞく 조쿠	129	特 특별할/뛰어날 특 special	特 tè 트어	特 とく 토쿠
120	注 물댈 주 irrigate	注 zhù 쭈	注 ちゅう 츄우	130	表 겉/바깥 표 surface	表 biǎo 비아오	表 ひょう 효오

번호	韓國	中國	日本
131	風 바람 풍 wind	风 fēng 펑	風 ふう 후우
132	合 합할 합 unite	合 hé 흐어	合 ごう 고오
133	行 다닐/행할 행 go	行 xíng 씽	行 こう 코오
134	幸 다행/행복 행 fortunate	幸 xìng 씽	幸 こう 코오
135	向 향할 향 face	向 xiàng 시앙	向 こう 코오
136	現 나타날 현 appear	现 xiàn 시엔	現 げん 겐
137	形 형상/모양 형 form	形 xíng 씽	形 けい 케이
138	號 이름/부르짖을 호 shout	号 hào 하오	号 ごう 고오
139	和 화할/화목할 화 peaceful	和 hé 흐어	和 わ 와
140	畫 그림 화 draw	画 huà 후아	画 が 가

번호	韓國	中國	日本
141	黃 누를 황 yellow	黄 huáng 후앙	黄 こう 코오
142	會 모일 회 meet	会 huì 후에이	会 かい 카이
143	訓 가르칠 훈 instruct	训 xùn 쉰	訓 くん 쿤

한중일 공용 한자 808자 중 5급에 해당하는 한자

번호	韓國	中國	日本
1	可 / 옳을 가 / right	可 / kě / 크어	可 / か / 카
2	加 / 더할 가 / add	加 / jiā / 지아	加 / か / 카
3	價 / 값 가 / value	价 / jià / 찌아	価 / か / 카
4	改 / 고칠 개 / improve	改 / gǎi / 가이	改 / かい / 카이
5	客 / 손 객 / guest	客 / kè / 크어	客 / きゃく / 캬쿠
6	去 / 갈 거 / leave	去 / qù / 취	去 / きょ / 쿄
7	擧 / 들 거 / hold	举 / jǔ / 쥐	挙 / きょ / 쿄
8	建 / 세울 건 / build	建 / jiàn / 찌엔	建 / けん / 켄
9	見 / 볼 견 / see	见 / jiàn / 찌엔	見 / けん / 켄
10	決 / 정할/결단할 결 / decide	决 / jué / 쥐에	決 / けつ / 케쯔
11	結 / 맺을 결 / join	结 / jié / 지에	結 / けつ / 케쯔
12	敬 / 공경할 경 / respect	敬 / jìng / 찡	敬 / けい / 케이
13	景 / 경치/볕 경 / scenary	景 / jǐng / 징	景 / けい / 케이
14	輕 / 가벼울 경 / light	轻 / qīng / 칭	軽 / けい / 케이
15	競 / 다툴 경 / compete	竞 / jìng / 찡	競 / きょう / 쿄오
16	考 / 생각할/상고할 고 / think	考 / kǎo / 카오	考 / こう / 코오
17	告 / 고할/알릴 고 / tell	告 / gào / 까오	告 / こく / 코쿠
18	固 / 굳을/단단할 고 / firm	固 / gù / 꾸	固 / こ / 코
19	曲 / 굽을 곡 / bent	曲 / qū / 취	曲 / きょく / 쿄쿠
20	過 / 지날/허물 과 / pass	过 / guò / 꾸어	過 / か / 카

번호	韓國	中國	日本
21	課 부과할/공부할 과 tax	课 kè 크어	課 か 카
22	關 빗장/관계할 관 bolt	关 guān 꾸안	関 かん 칸
23	觀 볼 관 look	观 guān 꾸안	観 かん 칸
24	廣 넓을 광 broad	广 guǎng 꾸앙	広 こう 코오
25	橋 다리 교 bridge	桥 qiáo 치아오	橋 きょう 쿄오
26	救 구원할 구 save	救 jiù 찌어우	救 きゅう 큐우
27	舊 예/옛 구 old	旧 jiù 찌어우	旧 きゅう 큐우
28	局 판 국 bureau	局 jú 쥐	局 きょく 쿄꾸
29	貴 귀할 귀 noble	贵 guì 꾸에이	貴 き 키
30	給 공급할/줄 급 provide	给 gěi 게이	給 きゅう 큐우

번호	韓國	中國	日本
31	己 몸/자기 기 self	己 jǐ 지	己 き 키
32	技 재주 기 skill	技 jì 찌	技 ぎ 기
33	基 터/기초 기 base	基 jī 지	基 き 키
34	期 기약할 기 expect	期 qī 치	期 き 키
35	吉 길할 길 lucky	吉 jí 지	吉 きち 키찌
36	念 생각 념(염) think	念 niàn 니엔	念 ねん 넨
37	勞 일할 노(로) labor	劳 láo 라오	労 ろう 로오
38	能 능할 능 ability	能 néng 넝	能 のう 노오
39	團 둥글 단 mass, circle	团 tuán 투안	団 だん 단
40	談 말씀 담 converse	谈 tán 탄	談 だん 단

번호	韓國	中國	日本
41	當 마땅 당 suitable	当 dāng 땅	当 とう 도오
42	德 큰/덕 덕 virtue	德 dé 드어	徳 とく 토쿠
43	到 이를 도 reach	到 dào 따오	到 とう 도오
44	島 섬 도 island	岛 dǎo 다오	島 とう 도오
45	都 도읍 도 city	都 dū 뚜	都 と 토
46	獨 홀로 독 alone	独 dú 두	独 どく 도쿠
47	落 떨어질 락(낙) fall	落 luò 루어	落 らく 라쿠
48	冷 찰 랭(냉) cold	冷 lěng 렁	冷 れい 레에
49	良 어질 량(양) good	良 liáng 리앙	良 りょう 료오
50	量 헤아릴 량(양) quantity	量 liáng 리앙	量 りょう 료오

번호	韓國	中國	日本
51	歷 지낼 력(역) pass through	历 lì 리	歴 れき 레키
52	練 익힐 련(연) drill	练 liàn 리엔	練 れん 렌
53	令 하여금/명령할 령(영) order	令 lìng 링	令 れい 레에
54	領 거느릴 령(영) lead	领 lǐng 링	領 りょう 료오
55	料 헤아릴 료(요) estimate	料 liào 리아오	料 りょう 료오
56	流 흐를 류(유) flow	流 liú 리어우	流 りゅう 류우
57	馬 말 마 horse	马 mǎ 마	馬 ば 바
58	末 끝 말 final	末 mò 모어	末 まつ 마쯔
59	亡 망할 망 ruin	亡 wáng 왕	亡 ぼう 보오
60	望 바랄 망 hope	望 wàng 왕	望 ぼう 보오

번호	韓國	中國	日本
61	買 살 매 buy	买 mǎi 마이	買 ばい 바이
62	賣 팔 매 sell	卖 mài 마이	売 ばい 바이
63	無 없을 무 nothing	无 wú 우	無 む 무
64	法 법 법 law	法 fǎ 파	法 ほう 호오
65	變 변할 변 change	变 biàn 삐엔	変 へん 헨
66	兵 군사/병사 병 soldier	兵 bīng 삥	兵 へい 헤이
67	福 복 복 blessing	福 fú 푸	福 ふく 후쿠
68	奉 받들 봉 offer service	奉 fèng 펑	奉 ほう 호오
69	比 견줄/비교할 비 compare	比 bǐ 비	比 ひ 히
70	鼻 코 비 nose	鼻 bí 비	鼻 び 비

번호	韓國	中國	日本
71	氷 얼음 빙 ice	冰 bīng 삥	氷 ひょう 효오
72	士 선비 사 scholar	士 shì 스	士 し 시
73	史 역사/사기 사 history	史 shǐ 스	史 し 시
74	思 생각할 사 think	思 sī 쓰	思 し 시
75	寫 베낄 사 copy	写 xiě 시에	写 しゃ 샤
76	産 낳을 산 product	产 chǎn 찬	産 さん 산
77	相 서로 상 mutual	相 xiāng 시앙	相 そう 소오
78	商 헤아릴/장사 상 trade	商 shāng 샹	商 しょう 쇼오
79	賞 상줄 상 reward	赏 shǎng 샹	賞 しょう 쇼오
80	序 차례 서 order	序 xù 쉬	序 じょ 조

번호	韓國	中國	日本	번호	韓國	中國	日本
81	仙 신선 선 god	仙 xiān 시엔	仙 せん 센	91	宿 잘 숙 lodge	宿 sù 쑤	宿 しゅく 슈쿠
82	船 배 선 ship	船 chuán 추안	船 せん 센	92	順 순할 순 mild	顺 shùn 슌	順 じゅん 쥰
83	善 착할 선 good	善 shàn 샨	善 ぜん 젠	93	示 보일 시 exhibit	示 shì 스	示 し 시
84	選 가릴 선 elect	选 xuǎn 쉬엔	選 せん 센	94	識 알 식 recognize	识 shí 스	識 しき 시끼
85	鮮 고울 선 fresh	鲜 xiān 시엔	鮮 せん 센	95	臣 신하 신 subject	臣 chén 천	臣 しん 신
86	說 말씀 설 speak	说 shuō 슈어	説 せつ 세쯔	96	實 열매 실 fruit	实 shí 스	実 じつ 지쯔
87	性 성품 성 nature	性 xìng 씽	性 せい 세이	97	兒 아이 아 child	儿 ér 얼	児 じ 지
88	洗 씻을 세 wash	洗 xǐ 시	洗 せん 센	98	惡 악할 악 bad	恶 è 으어	悪 あく 아쿠
89	歲 해 세 age	岁 suì 쑤에이	歳 さい 사이	99	案 책상 안 table	案 àn 안	案 あん 안
90	首 머리 수 head	首 shǒu 셔우	首 しゅ 슈	100	約 맺을 약 engage	约 yuē 위에	約 やく 야쿠

번호	韓國	中國	日本
101	養 기를 양 bring up	养 yǎng 양	養 よう 요오
102	魚 고기 어 fish	鱼 yú 위	魚 ぎょ 교
103	漁 고기잡을 어 fishing	渔 yú 위	漁 ぎょ 교
104	億 억 억 hundred million	亿 yì 이	億 おく 오쿠
105	旅 나그네 여/려 travel	旅 lǚ 뤼	旅 りょ 료
106	熱 더울 열 hot	热 rè 르어	熱 ねつ 네쯔
107	葉 잎 엽 leaf	叶 yè 이에	葉 よう 요오
108	屋 집 옥 house	屋 wū 우	屋 おく 오쿠
109	完 완전할 완 complete	完 wán 완	完 かん 칸
110	要 중요할/요긴할 요 important	要 yào 야오	要 よう 요오
111	浴 목욕할 욕 bathe	浴 yù 위	浴 よく 요쿠
112	友 벗 우 friend	友 yǒu 여우	友 ゆう 유우
113	牛 소 우 cow	牛 niú 니어우	牛 ぎゅう 규우
114	雨 비 우 rain	雨 yǔ 위	雨 う 우
115	雲 구름 운 cloud	云 yún 윈	雲 うん 운
116	雄 수컷 웅 male	雄 xióng 시옹	雄 ゆう 유우
117	元 으뜸/처음 원 principal	元 yuán 위엔	元 げん 겐
118	原 근원/언덕 원 origin	原 yuán 위엔	原 げん 겐
119	願 원할 원 want	愿 yuàn 위엔	願 がん 간
120	位 벼슬/자리 위 position	位 wèi 웨이	位 い 이

번호	韓國	中國	日本	번호	韓國	中國	日本
121	偉 훌륭할/클 위 great	伟 wěi 웨이	偉 い 이	131	赤 붉을 적 red	赤 chì 츠	赤 せき 세끼
122	陸 뭍/육지 육(륙) land	陆 lù 루	陸 りく 리쿠	132	的 과녁/목표 적 target	的 dì 띠	的 てき 테끼
123	以 써 이 by means of	以 yǐ 이	以 い 이	133	典 법/책 전 law	典 diǎn 디엔	典 てん 텐
124	耳 귀 이 ear	耳 ěr 얼	耳 じ 지	134	展 펼 전 spread	展 zhǎn 짠	展 てん 텐
125	因 인할 인 because of	因 yīn 인	因 いん 인	135	傳 전할 전 transmit	传 chuán 추안	伝 でん 덴
126	再 다시/두 재 again	再 zài 짜이	再 さい 사이	136	節 마디/예절 절 joint	节 jié 지에	節 せつ 세쯔
127	材 재목 재 timber	材 cái 차이	材 ざい 자이	137	店 가게 점 shop	店 diàn 띠엔	店 てん 텐
128	財 재물 재 property	财 cái 차이	財 ざい 자이	138	情 뜻 정 feelings	情 qíng 칭	情 じょう 죠오
129	爭 다툴 쟁 contest	争 zhēng 쩡	争 そう 소오	139	停 머무를 정 stay	停 tíng 팅	停 てい 테에
130	貯 쌓을 저 save	贮 zhù 쭈	貯 ちょ 쵸	140	調 고를 조 adjust	调 tiáo 티아오	調 ちょう 쵸오

번호	韓國	中國	日本
141	卒 군사/마칠 졸 finish	卒 zú 주	卒 そつ 소쯔
142	終 마칠/끝 종 finish	终 zhōng 쭝	終 しゅう 슈우
143	種 씨 종 seed	种 zhǒng 쭝	種 しゅ 슈
144	罪 허물/죄 죄 sin	罪 zuì 쭈에이	罪 ざい 자이
145	止 그칠/막을 지 stop	止 zhǐ 즈	止 し 시
146	知 알 지 know	知 zhī 즈	知 ち 치
147	質 바탕/본질 질 base	质 zhì 즈	質 しつ 시쯔
148	着 붙을 착 cling	着 zhuó 주어	着 ちゃく 챠쿠
149	參 참여할 참 participate	参 cān 찬	参 さん 산
150	唱 부를/노래 창 sing	唱 chàng 창	唱 しょう 쇼오
151	責 책임/꾸짖을 책 responsibility	责 zé 쩌	責 せき 세끼
152	鐵 쇠 철 iron	铁 tiě 티에	鉄 てつ 테쯔
153	初 처음 초 beginning	初 chū 츄	初 しょ 쇼
154	最 가장 최 most	最 zuì 쭈에이	最 さい 사이
155	祝 빌 축 celebrate	祝 zhù 쭈	祝 しゅく 슈쿠
156	充 가득할/채울 충 full	充 chōng 총	充 じゅう 쥬우
157	致 이를/이룰 치 reach	致 zhì 즈	致 ち 치
158	則 법칙 칙 rule	则 zé 쩌	則 そく 소쿠
159	他 남/다를 타 other	他 tā 타	他 た 타
160	打 칠 타 strike	打 dǎ 따	打 た 다

번호	韓國	中國	日本
161	宅 집 댁/택 house	宅 zhái 쟈이	宅 たく 타쿠
162	敗 패할 패 be defeated	败 bài 빠이	敗 はい 하이
163	品 물건/만물 품 article	品 pǐn 핀	品 ひん 힌
164	必 반드시/오로지 필 surely	必 bì 삐	必 ひつ 히쯔
165	筆 붓 필 writing brush	笔 bǐ 비	筆 ひつ 히쯔
166	河 물 하 river	河 hé 흐어	河 か 카
167	寒 찰 한 cold	寒 hán 한	寒 かん 칸
168	害 해할 해 harm	害 hài 하이	害 がい 가이
169	許 허락할 허 allow	许 xǔ 쉬	許 きょ 쿄
170	湖 호수 호 lake	湖 hú 후	湖 こ 코

번호	韓國	中國	日本
171	化 될 화 change	化 huà 후아	化 か 카
172	患 근심 환 anxiety	患 huàn 후안	患 かん 칸
173	效 본받을 효 imitate	效 xiào 시아오	効 こう 코오
174	黑 검을 흑 black	黑 hēi 헤이	黒 こく 코쿠

한중일 공용 한자 808자 중 준4급에 해당하는 한자

번호	韓國	中國	日本
1	假 거짓 가 false	假 jiǎ 지아	仮 か 카
2	街 거리 가 street	街 jiē 지에	街 がい 가이
3	減 덜 감 decrease	减 jiǎn 지엔	減 げん 겐
4	講 외울 강 speech	讲 jiǎng 지앙	講 こう 코오
5	個 낱 개 piece	个 gè 끄어	個 こ 코
6	潔 깨끗할 결 pure	洁 jié 지에	潔 けつ 케쯔
7	經 지날/글 경 pass through	经 jīng 징	経 けい 케에
8	慶 경사 경 celebrate	庆 qìng 칭	慶 けい 케에
9	故 연고/옛 고 cause	故 gù 꾸	故 こ 코
10	官 벼슬 관 official	官 guān 꾸안	官 かん 칸

번호	韓國	中國	日本
11	句 글귀 구 phrase	句 jù 쥐	句 く 쿠
12	究 연구할 구 inquire	究 jiū 지어우	究 きゅう 큐우
13	權 권세 권 power	权 quán 취엔	権 けん 켄
14	極 다할 극 utmost	极 jí 지	極 きょく 쿄쿠
15	禁 금할 금 forbid	禁 jìn 찐	禁 きん 킨
16	起 일어날 기 rise	起 qǐ 치	起 き 키
17	暖 따뜻할 난 warm	暖 nuǎn 누안	暖 だん 단
18	難 어려울 난(란) difficult	难 nán 난	難 なん 난
19	怒 성낼 노 angry	怒 nù 누	怒 ど 도
20	論 논의할 논(론) discuss	论 lùn 룬	論 ろん 론

번호	韓國	中國	日本
21	單 홑/하나 단 single	单 dān 딴	単 たん 탄
22	端 끝 단 edge	端 duān 뚜안	端 たん 탄
23	達 이를/통달할 달 master	达 dá 다	達 たつ 다쯔
24	豆 콩 두 bean	豆 dòu 떠우	豆 とう 토오
25	得 얻을 득 get	得 dé 드어	得 とく 토쿠
26	燈 등불/등잔 등 lamp	灯 dēng 떵	灯 とう 토오
27	兩 두 량(양) both	两 liǎng 리앙	両 りょう 료오
28	連 잇닿을 련(연) connect	连 lián 리엔	連 れん 렌
29	列 벌일 렬(열) arrange in order	列 liè 리에	列 れつ 레쯔
30	留 머무를 류(유) stay	留 liú 리어우	留 りゅう 류우

번호	韓國	中國	日本
31	律 법 률(율) law	律 lǜ 뤼	律 りつ 리쯔
32	滿 찰 만 full	满 mǎn 만	満 まん 만
33	毛 털 모 hair	毛 máo 마오	毛 もう 모오
34	武 굳셀 무 military	武 wǔ 우	武 ぶ 부
35	務 힘쓸 무 endeavour	务 wù 우	務 む 무
36	未 아닐 미 not yet	未 wèi 웨이	未 み 미
37	味 맛 미 taste	味 wèi 웨이	味 み 미
38	密 빽빽할 밀 dense	密 mì 미	密 みつ 미쯔
39	防 막을 방 protect	防 fáng 팡	防 ぼう 보오
40	訪 찾을 방 visit	访 fǎng 팡	訪 ほう 호오

번호	韓國	中國	日本
41	拜 절 배 bow	拜 bài 빠이	拝 はい 하이
42	伐 칠 벌 attack	伐 fá 파	伐 ばつ 바쯔
43	步 걸음 보 walk	步 bù 뿌	歩 ほ 호
44	保 보호할/지킬 보 keep	保 bǎo 바오	保 ほ 호
45	報 갚을 보 reward	报 bào 빠오	報 ほう 호오
46	婦 아내/며느리 부 wife	妇 fù 푸	婦 ふ 후
47	富 부자 부 rich	富 fù 푸	富 ふ 후
48	佛 부처 불 buddha	佛 fó 포어	仏 ぶつ 부쯔
49	非 아닐 비 not	非 fēi 페이	非 ひ 히
50	飛 날 비 fly	飞 fēi 페이	飛 ひ 히

번호	韓國	中國	日本
51	備 갖출 비 prepare	备 bèi 뻬이	備 び 비
52	悲 슬플 비 sad	悲 bēi 뻬이	悲 ひ 히
53	貧 가난할 빈 poor	贫 pín 핀	貧 ひん 힌
54	寺 절 사 temple	寺 sì 쓰	寺 じ 지
55	舍 집 사 house	舍 shè 셔	舎 しゃ 샤
56	師 스승 사 teacher	师 shī 스	師 し 시
57	謝 사례할 사 thank	谢 xiè 시에	謝 しゃ 샤
58	殺 죽일 살 kill	杀 shā 샤	殺 さい 사쯔
59	常 항상/떳떳할 상 usually	常 cháng 창	常 じょう 죠오
60	想 생각 상 imagine	想 xiǎng 시앙	想 そう 소오

번호	韓國	中國	日本		번호	韓國	中國	日本
61	設 베풀 설 establish	设 shè 셔	設 せつ 세쯔		71	笑 웃을 소 laugh	笑 xiào 시아오	笑 しょう 쇼오
62	城 재/성 성 castle	城 chéng 청	城 じょう 죠오		72	素 본디/바탕/흴 소 white	素 sù 쑤	素 そ 소
63	星 별/해 성 star	星 xīng 씽	星 せい 세이		73	俗 풍속/관습 속 custom	俗 sú 수	俗 ぞく 조쿠
64	盛 무성할/성할 성 thriving	盛 shèng 셩	盛 せい 세이		74	續 이을 속 continue	续 xù 쒸	続 ぞく 조쿠
65	聖 성인 성 divine	圣 shèng 셩	聖 せい 세이		75	送 보낼 송 send	送 sòng 쏭	送 そう 소오
66	誠 정성 성 sincere	诚 chéng 청	誠 せい 세이		76	收 거둘 수 collect	收 shōu 셔우	収 しゅう 슈우
67	聲 소리 성 voice	声 shēng 셩	声 せい 세이		77	守 지킬 수 keep	守 shǒu 셔우	守 しゅ 슈
68	細 가늘 세 thin	细 xì 씨	細 さい 사이		78	受 받을 수 receive	受 shòu 셔우	受 じゅ 쥬
69	稅 세금 세 tax	税 shuì 슈에이	税 ぜい 제에		79	修 닦을 수 cultivate	修 xiū 시어우	修 しゅう 슈우
70	勢 기세/형세 세 force	势 shì 스	勢 せい 세이		80	授 줄 수 give	授 shòu 셔우	授 じゅ 쥬

번호	韓國	中國	日本
81	純 순수할 순 pure	纯 chún 춘	純 じゅん 준
82	承 이을 승 inherit	承 chéng 청	承 しょう 쇼오
83	是 이/옳을 시 right	是 shì 스	是 ぜ 제
84	施 베풀/옮길 시 distribute	施 shī 스	施 し 시
85	視 볼 시 look at	视 shì 스	視 し 시
86	試 시험 시 test	试 shì 스	試 し 시
87	詩 시 시 poetry	诗 shī 스	詩 し 시
88	申 알릴/펼/납 신 report	申 shēn 션	申 しん 신
89	深 깊을 심 deep	深 shēn 션	深 しん 신
90	眼 눈 안 eye	眼 yǎn 이엔	眼 がん 간

번호	韓國	中國	日本
91	暗 어두울 암 dark	暗 àn 안	暗 あん 안
92	羊 양 양 sheep	羊 yáng 양	羊 よう 요오
93	如 같을 여 same	如 rú 루	如 じょ 죠
94	餘 남을 여 remain	余/馀 yú 위	余 よ 요
95	逆 거스를 역 opposite	逆 nì 니	逆 ぎゃく 갸쿠
96	硏 갈 연 polish	研 yán 이엔	研 けん 켄
97	煙 연기 연 smoke	烟 yān 이엔	煙 えん 엔
98	榮 영화 영 prosperity	荣 róng 롱	栄 えい 에이
99	藝 재주 예 art	艺 yì 이	芸 げい 게에
100	誤 그르칠 오 error	误 wù 우	誤 ご 고

번호	韓國	中國	日本
101	玉 구슬 옥 gem	玉 yù 위	玉 ぎょく 교쿠
102	往 갈 왕 go	往 wǎng 왕	往 おう 오오
103	容 얼굴/담을 용 face	容 róng 롱	容 よう 요오
104	圓 둥글 원 round	圆 yuán 위엔	円 えん 엔
105	肉 고기 육 flesh	肉 ròu 러우	肉 にく 니쿠
106	恩 은혜 은 favour	恩 ēn 언	恩 おん 온
107	陰 그늘 음 shade	阴 yīn 인	陰 いん 인
108	應 응할 응 respond	应 yìng 잉	応 おう 오오
109	義 옳을 의 righteousness	义 yì 이	義 ぎ 기
110	議 의논할 의 discuss	议 yì 이	議 ぎ 기

번호	韓國	中國	日本
111	移 옮길 이 move	移 yí 이	移 い 이
112	益 더할 익 increase	益 yì 이	益 えき 에끼
113	引 끌 인 pull	引 yǐn 인	引 いん 인
114	印 도장 인 seal	印 yìn 인	印 いん 인
115	認 알/인정할 인 recognize	认 rèn 런	認 にん 닌
116	將 장수 장 general	将 jiàng 찌앙	将 しょう 쇼오
117	低 낮을 저 low	低 dī 띠	低 てい 테에
118	敵 대적할/원수 적 enemy	敌 dí 디	敵 てき 테끼
119	田 밭 전 field	田 tián 티엔	田 でん 덴
120	絕 끊을 절 cut off	绝 jué 쥐에	絶 ぜつ 제쯔

번호	韓國	中國	日本	번호	韓國	中國	日本
121	接 이을 접 graft	接 jiē 지에	接 せつ 세쯔	131	尊 높을 존 respect	尊 zūn 쭌	尊 そん 손
122	政 정사/칠 정 government	政 zhèng 쩡	政 せい 세이	132	宗 마루/제사 종 ancestral	宗 zōng 쫑	宗 しゅう 슈우
123	精 정할/찧을 정 fix	精 jīng 징	精 せい 세이	133	走 달릴 주 run	走 zǒu 저우	走 そう 소오
124	除 덜 제 remove	除 chú 츄	除 じょ 죠	134	竹 대나무 죽 bamboo	竹 zhú 주	竹 ちく 지쿠
125	祭 제사 제 sacrifice service	祭 jì 찌	祭 さい 사이	135	衆 무리 중 group	众 zhòng 쫑	衆 しゅう 슈우
126	製 지을 제 manufacture	制 zhì 즈	製 せい 세이	136	增 더할 증 increase	增 zēng 쩡	增 ぞう 조오
127	早 이를/일찍 조 early	早 zǎo 자오	早 そう 소오	137	支 지탱할/가지 지 support	支 zhī 즈	支 し 시
128	助 도울 조 help	助 zhù 쭈	助 じょ 죠	138	至 이를/도달할 지 reach	至 zhì 즈	至 し 시
129	造 지을/만들 조 build	造 zào 짜오	造 ぞう 조오	139	志 뜻 지 intend	志 zhì 즈	志 し 시
130	鳥 새 조 bird	鸟 niǎo 니아오	鳥 ちょう 초오	140	指 가리킬 지 finger	指 zhǐ 즈	指 し 시

번호	韓國	中國	日本	번호	韓國	中國	日本
141	眞 참 진 true, truth	真 zhēn 쩐	真 しん 신	151	齒 이 치 tooth	齿 chǐ 츠	歯 し 시
142	進 나아갈 진 advance	进 jìn 찐	進 しん 신	152	快 쾌할 쾌 pleasant	快 kuài 콰이	快 かい 카이
143	次 버금/다음 차 next	次 cì 츠	次 じ 지	153	統 거느릴 통 govern	统 tǒng 퉁	統 とう 토오
144	察 살필 찰 watch	察 chá 차	察 さつ 사쯔	154	退 물러날 퇴 retreat	退 tuì 투에이	退 たい 타이
145	處 곳 처 place	处 chù 츄	処 しょ 쇼	155	波 물결 파 wave	波 bō 뽀어	波 は 하
146	請 청할/물을 청 request	请 qǐng 칭	請 せい 세이	156	破 깨뜨릴 파 break	破 pò 포어	破 は 하
147	忠 충성 충 loyal	忠 zhōng 쭝	忠 ちゅう 츄우	157	布 베/펼 포 cloth	布 bù 뿌	布 ふ 후
148	蟲 벌레 충 insect	虫 chóng 총	虫 ちゅう 츄우	158	暴 사나울 폭/포 fierce	暴 bào 빠오	暴 ぼう 보오
149	取 취할 취 take	取 qǔ 취	取 しゅ 슈	159	豐/豊 풍년 풍 abundant	丰 fēng 펑	豊 ほう 호오
150	治 다스릴 치 govern	治 zhì 즈	治 ち 지	160	限 한정할 한 limit	限 xiàn 시엔	限 げん 겐

번호	韓國	中國	日本
161	解 풀 해 solve	解 jiě 지에	解 かい 카이
162	香 향기 향 fragrance	香 xiāng 시앙	香 こう 코오
163	鄕 시골 향 rural	乡 xiāng 시앙	鄕 きょう 쿄오
164	虛 빌 허 empty	虚 xū 쉬	虛 きょ 쿄
165	賢 어질 현 virtuous	贤 xián 시엔	賢 けん 켄
166	血 피 혈 blood	血 xuè/xié 쉬에/시에	血 けつ 케쯔
167	協 화합할/화할 협 harmonize	协 xié 시에	協 きょう 쿄오
168	惠 은혜 혜 favor	惠 huì 후에이	惠 けい 케에
169	戶 집 호 house	户 hù 후	戶 こ 코
170	呼 부를 호 call	呼 hū 후	呼 こ 코

번호	韓國	中國	日本
171	好 좋을 호 good	好 hǎo 하오	好 こう 코오
172	貨 재화/재물 화 goods	货 huò 후어	貨 か 카
173	回 돌아올 회 return	回 huí 후에이	回 かい 카이
174	興 일어날/일 흥 rise	兴 xīng 씽	興 きょう 쿄오
175	希 바랄 희 hope	希 xī 시	希 き 키

한중일 공용 한자 808자 중 4급에 해당하는 한자

번호	韓國	中國	日本
1	看 볼 간 watch	看 kàn 칸	看 かん 칸
2	甘 달 감 sweet	甘 gān 깐	甘 かん 칸
3	敢 감히/구태여 감 bold	敢 gǎn 간	敢 かん 칸
4	降 내릴 강 come down	降 jiàng 찌앙	降 こう 코오
5	巨 클 거 big	巨 jù 쮜	巨 きょ 쿄
6	居 살 거 reside	居 jū 쥐	居 きょ 쿄
7	犬 개 견 dog	犬 quǎn 취엔	犬 けん 켄
8	堅 굳을 견 firm	坚 jiān 지엔	堅 けん 켄
9	更 고칠/다시 경갱 correct	更 gēng/gèng 껑	更 こう 코오
10	驚 놀랄 경 surprise	惊 jīng 징	驚 きょう 쿄오
11	季 계절 계 season	季 jì 찌	季 き 키
12	穀 곡식 곡 grain	谷 gǔ 꾸	穀 こく 코쿠
13	困 곤할 곤 tired	困 kùn 쿤	困 こん 콘
14	骨 뼈 골 bone	骨 gǔ 꾸	骨 こつ 코쯔
15	君 임금 군 king	君 jūn 쥔	君 くん 쿤
16	卷 책 권 document	卷 juàn 쥐엔	卷 かん 칸
17	勸 권할 권 recommend	劝 quàn 취엔	勧 かん 칸
18	歸 돌아올 귀 come back	归 guī 꾸에이	帰 き 키
19	均 고를 균 even	均 jūn 쥔	均 きん 킨
20	勤 부지런할 근 dillgent	勤 qín 친	勤 きん 킨

번호	韓國	中國	日本
21	徒 무리 도 group	徒 tú 투	徒 と 토
22	妹 누이 매 younger sister	妹 mèi 메이	妹 まい 마이
23	勉 힘쓸 면 work hard	勉 miǎn 미엔	勉 べん 벤
24	鳴 울 명 cry	鸣 míng 밍	鳴 めい 메에
25	妙 묘할/예쁠 묘 curious	妙 miào 미아오	妙 みょう 묘오
26	舞 춤출 무 dance	舞 wǔ 우	舞 ぶ 부
27	伏 엎드릴 복 prostrate	伏 fú 푸	伏 ふく 후쿠
28	否 아닐 부/불 nay	否 fǒu 퍼우	否 ひ 히
29	私 사사로울 사 private	私 sī 쓰	私 し 시
30	射 쏠 사 shoot	射 shè 셔	射 しゃ 샤
31	散 흩을 산 scatter	散 sàn 싼	散 さん 산
32	傷 상할/다칠 상 hurt	伤 shāng 샹	傷 しょう 쇼오
33	舌 혀/말 설 tongue	舌 shé 셔	舌 ぜつ 제쯔
34	松 소나무 송 pine	松 sōng 쏭	松 しょう 쇼오
35	秀 빼어날 수 excellent	秀 xiù 시어우	秀 しゅう 슈우
36	崇 높을 숭 revere	崇 chóng 총	崇 すう 스으
37	氏 성씨/각시 씨 last name	氏 shì 스	氏 し 시
38	嚴 엄할 엄 strict	严 yán 이엔	厳 げん 겐
39	與 더불/줄 여 give	与 yǔ 위	与 よ 요
40	易 바꿀/쉬울 역/이 change	易 yì 이	易 えき/い 에끼/이

번호	韓國	中國	日本
41	烈 매울 열(렬) hot	烈 liè 리에	烈 れつ 레쯔
42	迎 맞을 영 welcome	迎 yíng 잉	迎 げい 게에
43	遇 만날 우 encounter	遇 yù 위	遇 ぐう 구우
44	怨 원망할 원 resent	怨 yuàn 위엔	怨 えん 엔
45	危 위태할 위 dangerous	危 wēi 웨이	危 キ 키
46	威 위엄 위 dignity	威 wēi 웨이	威 い 이
47	遊 놀 유 play	游 yóu 여우	遊 ゆう 유우
48	遺 남길/끼칠 유 inherit	遗 yí 이	遺 い 이
49	依 의지할 의 rely on	依 yī 이	依 い 이
50	異 다를 이 different	异 yì 이	異 い 이

번호	韓國	中國	日本
51	仁 어질 인 benevolent	仁 rén 런	仁 じん 진
52	姉 손윗누이 자 older sister	姊 zǐ 즈	姉 し 시
53	壯 장할/씩씩할 장 admirable	壮 zhuàng 쭈앙	壮 そう 소오
54	適 맞을 적 appropriate	适 shì 스	適 てき 테끼
55	錢 돈 전 money	钱 qián 치엔	錢 せん 센
56	點 점 점 dot	点 diǎn 디엔	点 てん 텐
57	靜 고요할 정 silent	静 jìng 찡	静 せい 세이
58	存 있을 존 exist	存 cún 춘	存 そん 손
59	從 좇을 종 follow	从 cóng 총	従 じゅう 쥬우
60	鐘/鍾 쇠북 종 bell	钟 zhōng 쫑	鐘 しょう 쇼오

번호	韓國	中國	日本
61	朱 붉을 주 red	朱 zhū 쭈	朱 しゅ 슈
62	酒 술 주 liquor	酒 jiǔ 지어우	酒 しゅ 슈
63	證 증거 증 evidence	证 zhèng 쩡	証 しょう 쇼오
64	持 가질 지 hold	持 chí 츠	持 じ 지
65	盡 다할 진 to exhaust	尽 jìn 찐	尽 じん 진
66	採 캘 채 pick	采 cǎi 차이	採 さい 사이
67	冊 책 책 book	册 cè 츠어	冊 さつ 사쯔
68	泉 샘 천 fountain	泉 quán 취엔	泉 せん 센
69	聽 들을 청 hear	听 tīng 팅	聴 ちょう 쵸오
70	招 부를 초 call	招 zhāo 쨔오	招 しょう 쇼오

번호	韓國	中國	日本
71	推 밀 추 press	推 tuī 투에이	推 すい 스이
72	就 나아갈 취 advance	就 jiù 지어우	就 しゅう 슈우
73	針 바늘 침 needle	针 zhēn 쩐	針 しん 신
74	脫 벗을 탈 take off	脱 tuō 투어	脱 だつ 다쯔
75	探 찾을 탐 find	探 tàn 탄	探 たん 탄
76	投 던질 투 throw	投 tóu 터우	投 とう 토오
77	判 판단할 판 judge	判 pàn 판	判 はん 한
78	閉 닫을 폐 close	闭 bì 삐	閉 へい 헤이
79	恨 한 한 resent	恨 hèn 헌	恨 こん 콘
80	閑 한가할 한 idle	闲 xián 시엔	閑 かん 칸

한중일 공용 한자 808자 중 준3급에 해당하는 한자

번호	韓國	中國	日本
81	革 가죽 혁 feather	革 gé 끄어	革 かく 카쿠
82	刑 형벌 형 punishment	刑 xíng 씽	刑 けい 케에
83	婚 혼인할 혼 marry	婚 hūn 훈	婚 こん 콘
84	混 섞을 혼 mix	混 hùn 훈	混 こん 콘
85	紅 붉을 홍 red	红 hóng 홍	紅 こう 코오
86	華 빛날 화 brilliant	华 huá 후아	華 か 카
87	歡 기뻐할 환 happy	欢 huān 후안	歓 かん 칸
88	厚 두터울 후 thick	厚 hòu 허우	厚 こう 코오
89	喜 기쁠 희 happy	喜 xǐ 시	喜 き 키

번호	韓國	中國	日本
1	耕 밭갈 경 cultivate	耕 gēng 껑	耕 こう 코오
2	久 오랠 구 long	久 jiǔ 지어우	久 きゅう 큐우
3	弓 활 궁 bow	弓 gōng 꽁	弓 きゅう 큐우
4	及 미칠 급 extend	及 jí 지	及 きゅう 큐우
5	茶 차 다/차 tea	茶 chá 차	茶 さ/ちゃ 사/차
6	刀 칼 도 knife	刀 dāo 따오	刀 とう 토오
7	浪 물결 랑(낭) wave	浪 làng 랑	浪 ろう 로오
8	涼 서늘할 량(양) cool	凉 liáng 리앙	涼 りょう 료오
9	露 이슬 로(노) dew	露 lù 루	露 ろ 로
10	晚 늦을/저물 만 late	晚 wǎn 완	晩 ばん 반

번호	韓國	中國	日本
11	麥 보리 맥 barley	麦 mài 마이	麦 ばく 바쿠
12	免 면할 면 avoid	免 miǎn 미엔	免 めん 멘
13	眠 잘 면 sleep	眠 mián 미엔	眠 みん 민
14	尾 꼬리 미 tail	尾 wěi 웨이	尾 び 비
15	飯 밥 반 dinner	饭 fàn 판	飯 はん 한
16	扶 도울 부 help	扶 fú 푸	扶 ふ 후
17	浮 뜰 부 yard	浮 fú 푸	浮 ふ 후
18	喪 잃을 상 lose	丧 sàng 쌍	喪 そう 소오
19	惜 아낄 석 save	惜 xī 시	惜 せき 세끼
20	壽 목숨 수 life	寿 shòu 셔우	寿 じゅ 쥬

번호	韓國	中國	日本
21	愁 근심 수 worry	愁 chóu 처우	愁 しゅう 슈우
22	拾 주을 습 pick up	拾 shí 스	拾 しゅう 슈우
23	乘 탈/오를 승 get in	乘 chéng 청	乗 じょう 죠오
24	我 나 아 I	我 wǒ 워	我 が 가
25	央 가운데 앙 center	央 yāng 양	央 おう 오오
26	仰 우러를 앙 revere	仰 yǎng 양	仰 ぎょう 교오
27	哀 슬플 애 sad	哀 āi 아이	哀 あい 아이
28	若 같을 약 same	若 ruò 루어	若 じゃく 쟈쿠
29	揚 날릴 양 fly	扬 yáng 양	揚 よう 요오
30	讓 사양할 양 decline	让 ràng 랑	譲 じょう 죠오

번호	韓國	中國	日本
31	憶 생각할 억 think	忆 yì 이	憶 おく 오쿠
32	悟 깨달음 오 realize	悟 wù 우	悟 ご 고
33	欲 바랄/하고자 할 욕 desire	欲 yù 위	欲 よく 요쿠
34	宇 집 우 house	宇 yǔ 위	宇 う 우
35	憂 근심할 우 worry	忧 yōu 여우	憂 ゆう 유우
36	幼 어릴 유 young	幼 yòu 여우	幼 よう 요우
37	柔 부드러울 유 soft	柔 róu 러우	柔 じゅう 쥬우
38	已 이미 이 already	已 yǐ 이	已 い 이
39	忍 참을 인 patient	忍 rěn 런	忍 にん 닌
40	慈 사랑 자 love	慈 cí 츠	慈 じ 지

번호	韓國	中國	日本
41	栽 심을 재 plant	栽 zāi 짜이	栽 さい 사이
42	著 나타날 저 appear	著 zhù 쭈	著 ちょ 쵸
43	井 우물 정 well	井 jǐng 징	井 せい 세이
44	頂 정수리/꼭대기 정 head	顶 dǐng 딩	頂 ちょう 쵸오
45	淨 깨끗할 정 clean	净 jìng 찡	浄 じょう 죠오
46	諸 모두 제 all	诸 zhū 쭈	諸 しょ 쇼
47	兆 조 조 trillion	兆 zhào 쨔오	兆 ちょう 쵸오
48	宙 집 주 house	宙 zhòu 쩌우	宙 ちゅう 츄우
49	枝 가지 지 branch	枝 zhī 즈	枝 し 시
50	執 잡을 집 catch	执 zhí 즈	執 しつ 시쯔

번호	韓國	中國	日本
51	借 빌릴 차 rend	借 jiè 찌에	借 しゃく 샤쿠
52	菜 나물 채 vegetable	菜 cài 차이	菜 さい 사이
53	妻 아내 처 wife	妻 qī 치	妻 さい 사이
54	尺 자 척 ruler	尺 chǐ 츠	尺 しゃく 샤쿠
55	淺 얕을 천 shallow	浅 qiǎn 치엔	浅 せん 센
56	追 따를/쫓을 추 follow	追 zhuī 쭈에이	追 つい 츠이
57	吹 불 취 blow	吹 chuī 추에이	吹 すい 스이
58	泰 클 태 big	泰 tài 타이	泰 たい 다이
59	片 조각 편 piece	片 piàn 피엔	片 へん 헨
60	皮 가죽 피 feather	皮 pí 피	皮 ひ 히

번호	韓國	中國	日本
61	彼 저/저쪽 피 there	彼 bǐ 비	彼 ひ 히
62	何 어찌 하 how	何 hé 흐어	何 か 카
63	賀 하례할 하 congratulate	贺 hè 흐어	賀 が 가
64	虎 범 호 tiger	虎 hǔ 후	虎 こ 코
65	皇 임금 황 king	皇 huáng 후앙	皇 こう 코오
66	胸 가슴 흉 breast	胸 xiōng 시옹	胸 きょう 쿄오

한중일 공용 한자 808자 중 **3급** 에 해당하는 한자

번호	韓國	中國	日本
1	皆 다/모두 개 everything	皆 jiē 지에	皆 かい 카이
2	忙 바쁠 망 busy	忙 máng 망	忙 ぼう 보오
3	忘 잊을 망 forget	忘 wàng 왕	忘 ぼう 보오
4	暮 저물 모 get dark	暮 mù 무	暮 ぼ 보
5	暑 더울 서 hot, heat	暑 shǔ 슈	暑 しょ 쇼
6	昔 옛 석 old	昔 xī 시	昔 せき 세끼
7	須 모름지기/수염 수 first	须 xū 쉬	須 しゅ/す 슈/스
8	誰 누구 수 who	谁 shéi 셰이	誰 すい 스이
9	辛 매울 신 hot	辛 xīn 신	辛 しん 신
10	又 또 우 again	又 yòu 여우	又 また 마따

번호	韓國	中國	日本
11	泣 울 읍 cry	泣 qì 치	泣 きゅう 큐우
12	晴 맑을 청 clear	晴 qíng 칭	晴 せい 세이
13	貝 조개 패 shell	贝 bèi 뻬이	貝 ばい 바이
14	抱 안을 포 hug	抱 bào 빠오	抱 ほう 호오

03
중국에서 가장 많이 쓰이는 한자 500字
(사용 빈도순)

3장
중국에서 가장 많이 쓰이는 한자 500 (사용 빈도順)

中國(중국) 教育部(교육부) 언어문자관리국에서 發表(발표)한 報告書(보고서)에 따르면, 1년간 중국의 大衆媒體(대중매체)에서 사용된 言語(언어)를 分析(분석)한 結果(결과) 대중매체에서 사용되었던 漢字(한자)는 8,225字였으며, 인터넷이나 신문, TV, 라디오에서 사용된 漢字(한자)는 5,607字였다.

그러나 이러한 매체에서 使用(사용)된 漢字(한자)들은 中國語(중국어)를 쓸 때 주로 사용되는 常用漢字(상용한자) 581字가 重複使用(중복사용)되어 581字의 漢字(한자)를 알 경우 80% 以上(이상)을 理解(이해)할 수 있다고 한다.

다음의 資料(자료)는 중국 清華大學(칭화대학)내 지능기술여계통 국가중점 연구실에서 發表(발표)한 '한자 빈도표' 中 상위 500字이다. 86,000字를 統計(통계)낸 자료 중 使用頻度(사용빈도)가 높은 500位(위) 까지의 글자로 全體(전체)의 78.53%를 차지하였다고 한다.

독자 여러분들의 중국어 학습에 많은 도움이 되었으면 한다.

사용빈도	한자(번체)	중국어(간체)	병음·읽기	쓰기			
1	的 과녁 적	的	dì/de 띠/더	的	的	的	
	❶ 我的 wǒ de 나의... ❷ 你的 nǐ de 너의... ❸ 目的 mù dì 목적						
2	一 한/하나 일	一	yī 이	一	一	一	
	❶ 一天 yì tiān 하루 ❷ 一起 yì qǐ 함께 ❸ 一流 yī liú 일류						
3	國 나라 국	国	guó 구어	国	国	国	
	❶ 国家 guó jiā 국가 ❷ 国民 guó mín 국민 ❸ 国旗 guó qí 국기						
4	在 있을 재	在	zài 짜이	在	在	在	
	❶ 现在 xiàn zài 현재 ❷ 正在 zhèng zài ...하고 있다 ❸ 实在 shí zài 실재						
5	人 사람 인	人	rén 런	人	人	人	
	❶ 人口 rén kǒu 인구 ❷ 人力 rén lì 인력 ❸ 人气 rén qì 인기						
6	了 마칠 료(요)	了	liǎo 리아오	了	了	了	
	❶ 明了 míng liǎo 분명하다 ❷ 完了 wán liǎo 끝내다 ❸ 末了 mò liǎo 마지막, 끝						
7	有 있을 유	有	yǒu 여우	有	有	有	
	❶ 有利 yǒu lì 유리하다 ❷ 没有 méi yǒu 없다 ❸ 保有 bǎo yǒu 보유하다						
8	中 가운데 중	中	zhōng 쭝	中	中	中	
	❶ 中国 zhōng guó 중국 ❷ 中心 zhōng xīn 중심 ❸ 中间 zhōng jiān 중간						
9	是 이/옳을 시	是	shì 스	是	是	是	
	❶ 但是 dàn shì 하지만 ❷ 还是 hái shì 여전히 ❸ 总是 zǒng shì 늘, 줄곧						
10	年 해 년(연)	年	nián 니엔	年	年	年	
	❶ 年龄 nián líng 연령 ❷ 年度 nián dù 연도 ❸ 年级 nián jí 학급						

사용빈도	한자(번체)	중국어(간체)	병음·읽기	쓰기
11	和 화목할 화	和	hé / 흐어	和 和 和
	❶ 和解 hé jiě 화해 ❷ 和尚 hé shàng 스님 ❸ 和平 hé píng 화평			
12	大 큰 대	大	dà / 따	大 大 大
	❶ 大学 dà xué 대학 ❷ 大众 dà zhòng 대중 ❸ 大脑 dà nǎo 대뇌			
13	業 업 업	业	yè / 이에	业 业 业
	❶ 专业 zhuān yè 전공 ❷ 职业 zhí yè 직업 ❸ 毕业 bì yè 졸업하다			
14	不 아닐 불	不	bù / 뿌	不 不 不
	❶ 不客气 bú kè qì 천만에요 ❷ 对不起 duì bu qǐ 미안합니다 ❸ 不可以 bù kě yǐ 안됩니다			
15	爲 할 위	为	wèi / 웨이	为 为 为
	❶ 行为 xíng wéi 행위, 행동 ❷ 人为 rén wéi 인위적인 ❸ 为难 wéi nán 난처하다			
16	發 필/쏠 발	发	fā / 파	发 发 发
	❶ 发明 fā míng 발명 ❷ 发烧 fā shāo 열이 나다 ❸ 发现 fā xiàn 발견하다			
17	會 모일 회	会	huì / 후에이	会 会 会
	❶ 会议 huì yì 회의 ❷ 机会 jī huì 기회 ❸ 欢送会 huān sòng huì 환송회			
18	工 장인 공	工	gōng / 꿍	工 工 工
	❶ 工作 gōng zuò 직업 ❷ 工人 gōng rén 노동자 ❸ 工资 gōng zī 월급			
19	經 지날/글 경	经	jīng / 징	经 经 经
	❶ 经理 jīng lǐ 매니저 ❷ 经过 jīng guò 지나가다 ❸ 佛经 fó jīng 불경			
20	上 윗/위 상	上	shàng / 샹	上 上 上
	❶ 上学 shàng xué 학교가다 ❷ 上班 shàng bān 출근하다 ❸ 上午 shàng wǔ 오전			

사용빈도	한자(번체)	중국어(간체)	병음·읽기	쓰기		
21	地 땅 지	地	dì / 띠	地	地	地
	❶ 地球 dì qiú 지구　❷ 地铁 dì tiě 지하철　❸ 地图 dì tú 지도					
22	市 시장/저자 시	市	shì / 스	市	市	市
	❶ 市区 shì qū 시내 지역　❷ 市场 shì chǎng 시장　❸ 城市 chéng shì 도시					
23	要 중요할 요	要	yào / 야오	要	要	要
	❶ 要求 yāo qiú 요구하다　❷ 不要 bú yào 싫다　❸ 需要 xū yào 필요하다					
24	個 낱 개	个	gè / 끄어	个	个	个
	❶ 个别 gè bié 개별　❷ 个人 gè rén 개인　❸ 个子 gè zǐ 신장					
25	産 낳을 산	产	chǎn / 찬	产	产	产
	❶ 产生 chǎn shēng 생기다　❷ 破产 pò chǎn 파산하다　❸ 财产 cái chǎn 재산					
26	這 이 저	这	zhè / 져	这	这	这
	❶ 这一回 zhè yì huí 이번　❷ 这一个 zhè yí gè 하나　❸ 这一阵 zhè yí zhèn 요즘					
27	出 날 출	出	chū / 츄	出	出	出
	❶ 出发 chū fā 출발　❷ 出版 chū bǎn 출판　❸ 出差 chū chāi 출장					
28	行 다닐/갈 행	行	xíng / 씽	行	行	行
	❶ 行为 xíng wéi 행위　❷ 行动 xíng dòng 행동　❸ 言行 yán xíng 언행					
29	作 지을 작	作	zuò / 쭈어	作	作	作
	❶ 作用 zuò yòng 작용　❷ 作品 zuò pǐn 작품　❸ 作业 zuò yè 작업을 하다					
30	生 날 생	生	shēng / 셩	生	生	生
	❶ 生命 shēng mìng 생명　❷ 生意 shēng yì 장사, 영업　❸ 生产 shēng chǎn 생산					

사용빈도	한자(번체)	중국어(간체)	병음·읽기	쓰기				
31	家 집 가	家	jiā / 지아	家	家	家		
	❶ 家人 jiā rén 가족, 식구　❷ 家庭 jiā tíng 가정　❸ 家具 jiā jù 가구							
32	以 써 이	以	yǐ / 이	以	以	以		
	❶ 以为 yǐ wéi 여기다　❷ 所以 suǒ yǐ 그래서　❸ 以前 yǐ qián 이전							
33	成 이룰 성	成	chéng / 청	成	成	成		
	❶ 成功 chéng gōng 성공　❷ 成人 chéng rén 성인　❸ 成立 chéng lì 성립하다							
34	到 이를 도	到	dào / 따오	到	到	到		
	❶ 迟到 chí dào 지각하다　❷ 到达 dào dá 도착하다　❸ 遇到 yù dào 만나다							
35	日 날 일	日	rì / 르	日	日	日		
	❶ 日夜 rì yè 낮밤　❷ 日出 rì chū 일출　❸ 日语 rì yǔ 일본어							
36	民 백성 민	民	mín / 민	民	民	民		
	❶ 民间 mín jiān 민간　❷ 民众 mín zhòng 민중　❸ 民法 mín fǎ 민법							
37	來 올 래	来	lái / 라이	来	来	来		
	❶ 来往 lái wǎng 왕래　❷ 本来 běn lái 원래　❸ 进来 jìn lái 들어오다							
38	我 나 아	我	wǒ / 워	我	我	我		
	❶ 我的 wǒ de 내꺼　❷ 我们 wǒ men 우리　❸ 我家 wǒ jiā 나의 집							
39	部 떼/거느릴 부	部	bù / 뿌	部	部	部		
	❶ 部门 bù mén 부문　❷ 部分 bù fēn 부분　❸ 部落 bù luò 마을							
40	對 대할/대답 대	对	duì / 뚜에이	对	对	对		
	❶ 对话 duì huà 대화하다　❷ 对面 duì miàn 맞은편　❸ 对比 duì bǐ 대비하다							

사용빈도	한자(번체)	중국어(간체)	병음·읽기	쓰기
41	進 나아갈 진	进	jìn 찐	进 进 进
	❶ 促进 cù jìn 촉진시키다 ❷ 进口 jìn kǒu 수입하다 ❸ 改进 gǎi jìn 개선하다				
42	多 많을 다	多	duō 뚜어	多 多 多
	❶ 多少 duō shǎo 다소 ❷ 差不多 chà bù duō 비슷하다 ❸ 不多 bù duō 적다				
43	全 온전할 전	全	quán 취엔	全 全 全
	❶ 全部 quán bù 전부 ❷ 完全 wán quán 완전 ❸ 全家 quán jiā 온가족				
44	建 세울 건	建	jiàn 찌엔	建 建 建
	❶ 建设 jiàn shè 건설하다 ❷ 建国 jiàn guó 건국하다 ❸ 建议 jiàn yì 건의하다				
45	他 다를 타	他	tā 타	他 他 他
	❶ 他人 tā rén 타인 ❷ 其他 qí tā 기타 ❸ 他意 tā yì 다른 뜻				
46	公 공평할 공	公	gōng 꿍	公 公 公
	❶ 公司 gōng sī 회사 ❷ 公园 gōng yuán 공원 ❸ 公车 gōng chē 버스				
47	開 열 개	开	kāi 카이	开 开 开
	❶ 开始 kāi shǐ 시작 ❷ 开门 kāi mén 문을 열다 ❸ 开心 kāi xīn 기쁘다				
48	們 들 문	们	mén 먼	们 们 们
	❶ 我们 wǒ men 우리 ❷ 你们 nǐ men 너희들 ❸ 它们 tā men 그것들				
49	場 마당/장소 장	场	cháng/chǎng 창	场 场 场
	❶ 场所 chǎng suǒ 장소 ❷ 机场 jī chǎng 공항 ❸ 广场 guǎng chǎng 광장				
50	展 펼 전	展	zhǎn 잔	展 展 展
	❶ 展示 zhǎn shì 전시 ❷ 展览 zhǎn lǎn 전람회 ❸ 展开 zhǎn kāi 펼치다				

사용빈도	한자(번체)	중국어(간체)	병음·읽기	쓰기			
51	時 때 시	时	shí / 스	时	时	时	
	❶ 时间 shí jiān 시간 ❷ 时刻 shí kè 시각 ❸ 小时 xiǎo shí 시간						
52	理 다스릴 리(이)	理	lǐ / 리	理	理	理	
	❶ 道理 dào lǐ 도리 ❷ 管理 guǎn lǐ 관리하다 ❸ 物理 wù lǐ 물리						
53	新 새 신	新	xīn / 신	新	新	新	
	❶ 新鲜 xīn xiān 신선하다 ❷ 重新 chóng xīn 다시 ❸ 新款 xīn kuǎn 새로운 디자인						
54	方 모/곳 방	方	fāng / 팡	方	方	方	
	❶ 方便 fāng biàn 방편 ❷ 方向 fāng xiàng 방향 ❸ 地方 dì fāng 지방						
55	主 주인 주	主	zhǔ / 주	主	主	主	
	❶ 主见 zhǔ jiàn 주장 ❷ 主人 zhǔ rén 주인 ❸ 主意 zhǔ yì 아이디어						
56	企 꾀할 기	企	qǐ / 치	企	企	企	
	❶ 企业 qǐ yè 기업 ❷ 企图 qǐ tú 의도하다 ❸ 企划 qǐ huà 기획하다						
57	資 재물 자	资	zī / 쯔	资	资	资	
	❶ 工资 gōng zī 월급 ❷ 投资 tóu zī 투자하다 ❸ 资本 zī běn 자본						
58	實 열매 실	实	shí / 스	实	实	实	
	❶ 诚实 chéng shí 진실하다 ❷ 确实 què shí 확실하다 ❸ 实际 shí jì 실제						
59	學 배울 학	学	xué / 쉬에	学	学	学	
	❶ 学问 xué wèn 학문 ❷ 学习 xué xí 학습 ❸ 学生 xué shēng 학생						
60	報 갚을 보	报	bào / 빠오	报	报	报	
	❶ 报纸 bào zhǐ 신문 ❷ 报告 bào gào 보고 ❸ 报酬 bào chóu 보수						

사용빈도	한자(번체)	중국어(간체)	병음·읽기	쓰기
61	制 지을/절제할 제	制	zhì 즈	制 制 制
	❶ 限制 xiàn zhì 제한하다 ❷ 制作 zhì zuò 제작하다 ❸ 制造 zhì zào 제조하다				
62	政 정사 정	政	zhèng 쩡	政 政 政
	❶ 政治 zhèng zhì 정치 ❷ 政府 zhèng fǔ 정부 ❸ 政党 zhèng dǎng 정당				
63	濟 건널 제	济	jì 찌	济 济 济
	❶ 经济 jīng jì 경제 ❷ 救济 jiù jì 구제하다 ❸ 济事 jì shì 유용하다				
64	用 쓸 용	用	yòng 용	用 用 用
	❶ 作用 zuò yòng 작용 ❷ 用途 yòng tú 용도 ❸ 使用 shǐ yòng 사용하다				
65	同 한가지 동	同	tóng 통	同 同 同
	❶ 同学 tóng xué 학교 친구 ❷ 同事 tóng shì 동료 ❸ 同意 tóng yì 동의하다				
66	于 어조사 우	于	yú 위	于 于 于
	❶ 终于 zhōng yú 마침내 ❷ 对于 duì yú …에 대해 ❸ 在于 zài yú …에 있다				
67	法 법 법	法	fǎ 파	法 法 法
	❶ 民法 mín fǎ 민법 ❷ 司法 sī fǎ 사법 ❸ 法律 fǎ lǜ 법률				
68	高 높을 고	高	gāo 까오	高 高 高
	❶ 高兴 gāo xìng 기쁘다 ❷ 高度 gāo dù 높이 ❸ 提高 tí gāo 향상시키다				
69	長 긴/어른 장	长	cháng/zhǎng 창/짱	长 长 长
	❶ 长官 zhǎng guān 장관 ❷ 长短 cháng duǎn 장단 ❸ 长老 zhǎng lǎo 장로				
70	現 나타날 현	现	xiàn 시엔	现 现 现
	❶ 现金 xiàn jīn 현금 ❷ 现场 xiàn chǎng 현장 ❸ 出现 chū xiàn 출현하다				

사용빈도	한자(번체)	중국어(간체)	병음·읽기	쓰기			
71	本 근본 본	本	běn / 번	本	本	本	
	❶ 本来 běn lái 본래　❷ 本子 běn zǐ 노트　❸ 本事 běn shì 재주						
72	月 달 월	月	yuè / 위에	月	月	月	
	❶ 月历 yuè lì 달력　❷ 望月 wàng yuè 보름달　❸ 岁月 suì yuè 세월						
73	定 정할 정	定	dìng / 띵	定	定	定	
	❶ 决定 jué dìng 결정　❷ 肯定 kěn dìng 확실히　❸ 规定 guī dìng 규정						
74	化 될 화	化	huà / 후아	化	化	化	
	❶ 化学 huà xué 화학　❷ 转化 zhuǎn huà 변화하다　❸ 美化 měi huà 미화하다						
75	加 더할 가	加	jiā / 지아	加	加	加	
	❶ 加油 jiā yóu 주유하다　❷ 参加 cān jiā 참가하다　❸ 加班 jiā bān 야근						
76	動 움직일 동	动	dòng / 똥	动	动	动	
	❶ 动物 dòng wù 동물　❷ 动作 dòng zuò 동작　❸ 运动 yùn dòng 운동						
77	合 합할 합	合	hé / 흐어	合	合	合	
	❶ 合格 hé gé 합격　❷ 符合 fú hé 부합하다　❸ 合作 hé zuò 합작하다						
78	品 물건 품	品	pǐn / 핀	品	品	品	
	❶ 品行 pǐn xìng 품행　❷ 商品 shāng pǐn 상품　❸ 产品 chǎn pǐn 제품						
79	重 무거울 중	重	zhòng / 쫑	重	重	重	
	❶ 重量 zhòng liàng 중량　❷ 重力 zhòng lì 중력　❸ 重点 zhòng diǎn 중점						
80	關 빗장/닫을 관	关	guān / 꾸안	关	关	关	
	❶ 关门 guān mén 문을 닫다　❷ 海关 hǎi guān 세관　❸ 关心 guān xīn 관심을 갖다						

사용빈도	한자(번체)	중국어(간체)	병음·읽기	쓰기		
81	機 기계/틀 기	机	jī 지	机	机	机
	❶ 飞机 fēi jī 비행기 ❷ 机场 jī chǎng 공항 ❸ 手机 shǒu jī 휴대폰					
82	分 나눌 분	分	fēn 펀	分	分	分
	❶ 分开 fēn kāi 분리되다 ❷ 分手 fēn shǒu 헤어지다 ❸ 分享 fēn xiǎng 기쁨을 나누다					
83	力 힘 력(역)	力	lì 리	力	力	力
	❶ 努力 nǔ lì 노력 ❷ 压力 yā lì 압력 ❸ 能力 néng lì 능력					
84	自 스스로 자	自	zì 쯔	自	自	自
	❶ 自己 zì jǐ 자기, 스스로 ❷ 自信 zì xìn 자신감 ❸ 自行车 zì xíng chē 자전거					
85	外 바깥 외	外	wài 와이	外	外	外
	❶ 外交 wài jiāo 외교 ❷ 外国 wài guó 외국 ❸ 外套 wài tào 외투					
86	者 놈/사람 자	者	zhě 져	者	者	者
	❶ 作者 zuò zhě 지은이 ❷ 记者 jì zhě 기자 ❸ 或者 huò zhě 혹시					
87	區 구역 구	区	qū 취	区	区	区
	❶ 区域 qū yù 구역 ❷ 区别 qū bié 구별하다 ❸ 郊区 jiāo qū 시 외곽					
88	能 능할 능	能	néng 넝	能	能	能
	❶ 能力 néng lì 능력 ❷ 能量 néng liàng 에너지 ❸ 功能 gōng néng 기능					
89	設 베풀 설	设	shè 셔	设	设	设
	❶ 设计 shè jì 설계하다 ❷ 建设 jiàn shè 건설 ❸ 设施 shè shī 시설					
90	后 임금/왕후 후	后	hòu 허우	后	后	后
	❶ 后面 hòu miàn 뒤면 ❷ 最后 zuì hòu 최후의 ❸ 后悔 hòu huǐ 후회하다					

사용빈도	한자(번체)	중국어(간체)	병음·읽기	쓰기			
91	就 나아갈 취	就	jiù / 지어우	就	就	就	
	❶ 就业 jiù yè 취직하다 ❷ 成就 chéng jiù 성취 ❸ 就职 jiù zhí 취임하다						
92	等 무리/등급 등	等	děng / 덩	等	等	等	
	❶ 等于 děng yú …와 같다 ❷ 等级 děng jí 등급 ❸ 等候 děng hòu 기다리다						
93	體 몸 체	体	tǐ / 티	体	体	体	
	❶ 体操 tǐ cāo 체조 ❷ 具体 jù tǐ 구체적 ❸ 体脂肪 tǐ zhī fáng 체지방						
94	下 아래 하	下	xià / 시아	下	下	下	
	❶ 下去 xià qù 내려가다 ❷ 下车 xià chē 차에서 내리다 ❸ 下班 xià bān 퇴근하다						
95	萬 일만 만	万	wàn / 완	万	万	万	
	❶ 万一 wàn yī 만일 ❷ 万物 wàn wù 만물 ❸ 万岁 wàn suì 만세						
96	元 으뜸 원	元	yuán / 위엔	元	元	元	
	❶ 元旦 yuán dàn 설날 ❷ 公元 gōng yuán 서기 ❸ 元气 yuán qì 원기						
97	社 모일 사	社	shè / 셔	社	社	社	
	❶ 社会 shè huì 사회 ❷ 报社 bào shè 신문사 ❸ 旅行社 lǚ xíng shè 여행사						
98	過 지날 과	过	guò / 꾸어	过	过	过	
	❶ 过失 guò shī 과실 ❷ 经过 jīng guò 지나가다 ❸ 过年 guò nián 새해를 맞다						
99	前 앞 전	前	qián / 치엔	前	前	前	
	❶ 以前 yǐ qián 옛날 ❷ 提前 tí qián 앞당기다 ❸ 前后 qián hòu 전후						
100	面 얼굴/겉 면	面	miàn / 미엔	面	面	面	
	❶ 前面 qián miàn 앞 ❷ 后面 hòu miàn 뒤 ❸ 面谈 miàn tán 면담						

사용빈도	한자(번체)	중국어(간체)	병음·읽기	쓰기
101	農 농사 농	农	nóng 농	农 农 农
	❶ 农夫 nóng fū 농부 ❷ 农场 nóng chǎng 농장 ❸ 农业 nóng yè 농업			
102	也 잇기/어조사 야	也	yě 이에	也 也 也
	❶ 也许 yě xǔ 아마도 ❷ 也似 yě sì …처럼 ❸ 一点也 yì diǎn yě 전혀			
103	得 얻을 득	得	dé 드어	得 得 得
	❶ 获得 huò dé 획득하다 ❷ 记得 jì dé 기억하다 ❸ 值得 zhí dé 가치있다			
104	與 더블/줄 여	与	yǔ 위	与 与 与
	❶ 参与 cān yú 참여하다 ❷ 赐与 cì yú 하사하다 ❸ 让与 ràng yǔ 양보하다			
105	說 말씀 설	说	shuō 슈어	说 说 说
	❶ 说明 shuō míng 설명하다 ❷ 解说 jiě shuō 해설하다 ❸ 说合 shuō he 소개하다			
106	之 갈 지	之	zhī 즈	之 之 之
	❶ 反之 fǎn zhī 이와 반대로 ❷ 之间 zhī jiān 사이, 지간 ❸ 之下 zhī xià …의 아래			
107	員 인원 원	员	yuán 위엔	员 员 员
	❶ 演员 yǎn yuán 배우, 연기자 ❷ 店员 diàn yuán 점원 ❸ 服务员 fú wù yuán 종업원			
108	而 말이을 이	而	ér 얼	而 而 而
	❶ 然而 rán ér 그러나 ❷ 反而 fǎn ér 반대로 ❸ 而今 ér jīn 지금			
109	務 힘쓸/일 무	务	wù 우	务 务 务
	❶ 业务 yè wù 업무 ❷ 义务 yì wù 의무 ❸ 任务 rèn wù 임무			
110	利 이로울 리(이)	利	lì 리	利 利 利
	❶ 利益 lì yì 이익 ❷ 流利 liú lì 유창하다 ❸ 顺利 shùn lì 순조롭다			

사용빈도	한자(번체)	중국어(간체)	병음·읽기	쓰기
111	電 번개/전기 전	电	diàn / 띠엔	电 电 电
	❶ 电话 diàn huà 전화 ❷ 电脑 diàn nǎo 컴퓨터 ❸ 电冰箱 diàn bīng xiāng 냉장고			
112	文 글월 문	文	wén / 원	文 文 文
	❶ 文化 wén huà 문화 ❷ 文章 wén zhāng 문장 ❸ 文学 wén xué 문학			
113	事 일 사	事	shì / 스	事 事 事
	❶ 故事 gù shi 이야기 ❷ 人事 rén shì 인사 ❸ 事情 shì qíng 사정			
114	可 옳을 가	可	kě / 크어	可 可 可
	❶ 可乐 kě lè 콜라 ❷ 可以 kě yǐ …할 수 있다 ❸ 可能 kě néng 가능하다			
115	種 씨 종	种	zhǒng / 종	种 种 种
	❶ 种子 zhǒng zi 씨앗 ❷ 种植 zhòng zhí 재배하다 ❸ 种类 zhǒng lèi 종류			
116	總 다/거느릴 총	总	zǒng / 종	总 总 总
	❶ 总是 zǒng shì 언제나 ❷ 总理 zǒng lǐ 총리 ❸ 总店 zǒng diàn 본점			
117	改 고칠 개	改	gǎi / 가이	改 改 改
	❶ 改变 gǎi biàn 변하다 ❷ 改革 gǎi gé 개혁 ❸ 修改 xiū gǎi 수정하다			
118	三 석 삼	三	sān / 싼	三 三 三
	❶ 三国 sān guó 삼국 ❷ 三餐 sān cān 삼시세끼 ❸ 三脚架 sān jiǎo jià 삼각대			
119	各 각각 각	各	gè / 끄어	各 各 各
	❶ 各自 gè zì 각자 ❷ 各别 gè bié 각기 다르다 ❸ 各位 gè wèi 여러분			
120	好 좋을 호	好	hǎo / 하오	好 好 好
	❶ 美好 měi hǎo 아름답다 ❷ 友好 yǒu hǎo 우호적이다 ❸ 好吃 hǎo chī 맛있다			

사용빈도	한자(번체)	중국어(간체)	병음 · 읽기	쓰기		
121	金 쇠/성 금/김	金	jīn / 찐	金	金	金
	❶ 金钱 jīn qián 금전 ❷ 金额 jīn é 금액 ❸ 金融 jīn róng 금융					
122	第 차례 제	第	dì / 띠	第	第	第
	❶ 第一 dì yī 첫번째 ❷ 第二 dì èr 두번째 ❸ 第三者 dì sān zhě 제삼자					
123	司 맡을 사	司	sī / 쓰	司	司	司
	❶ 司机 sī jī 운전사 ❷ 公司 gōng sī 회사 ❸ 上司 shàng si 상사					
124	其 그 기	其	qí / 치	其	其	其
	❶ 其他 qí tā 기타 ❷ 其次 qí cì 다음 ❸ 如其 rú qí 만약					
125	從 좇을 종	从	cóng / 총	从	从	从
	❶ 服从 fú cóng 복종하다 ❷ 从前 cóng qián 옛날 ❸ 从事 cóng shì 종사하다					
126	平 평평할 평	平	píng / 핑	平	平	平
	❶ 水平 shuǐ píng 수준 ❷ 平衡 píng héng 균형 잡히다 ❸ 和平 hé píng 평화					
127	代 대신할 대	代	dài / 따이	代	代	代
	❶ 三代 sān dài 삼대 ❷ 古代 gǔ dài 고대 ❸ 现代 xiàn dài 현대					
128	當 마땅할 당	当	dāng / 땅	当	当	当
	❶ 当然 dāng rán 당연하다 ❷ 当时 dāng shí 당시 ❸ 当心 dāng xīn 조심하다					
129	天 하늘 천	天	tiān / 티엔	天	天	天
	❶ 天空 tiān kōng 하늘 ❷ 今天 jīn tiān 오늘 ❸ 明天 míng tiān 내일					
130	水 물 수	水	shuǐ / 슈에이	水	水	水
	❶ 水准 shuǐ zhǔn 수준 ❷ 水族馆 shuǐ zú guǎn 수족관 ❸ 水蒸气 shuǐ zhēng qì 수증기					

사용빈도	한자(번체)	중국어(간체)	병음·읽기	쓰기		
131	省 살필/덜 성/생	省	xing/shěng 씽/성	省	省	省
	❶ 省钱 shěng qián 돈을 아끼다		❷ 节省 jié shěng 절약하다		❸ 省略 shěng lüè 생략하다	
132	提 끌 제	提	tí 티	提	提	提
	❶ 提供 tí gōng 제공하다		❷ 提议 tí yì 제의하다		❸ 前提 qián tí 전제 조건	
133	商 장사 상	商	shāng 샹	商	商	商
	❶ 商人 shāng rén 상인		❷ 商业 shāng yè 상업		❸ 商量 shāng liáng 상의하다	
134	十 열 십	十	shí 스	十	十	十
	❶ 十分 shí fēn 십분		❷ 十万 shí wàn 십만		❸ 十字架 shí zì jià 십자가	
135	管 대롱/주관할 관	管	guǎn 꾸안	管	管	管
	❶ 管理 guǎn lǐ 관리하다		❷ 保管 bǎo guǎn 보관하다		❸ 管束 guǎn shù 통제하다	
136	內 안 내	内	nèi 네이	内	内	内
	❶ 内部 nèi bù 내부		❷ 内容 nèi róng 내용		❸ 内涵 nèi hán 교양	
137	小 작을 소	小	xiǎo 시아오	小	小	小
	❶ 小说 xiǎo shuō 소설		❷ 小人 xiǎo rén 소인배		❸ 小儿科 xiǎo ér kē 소아과	
138	技 재주 기	技	jì 찌	技	技	技
	❶ 技术 jì shù 기술		❷ 技巧 jì qiǎo 테크닉		❸ 竞技 jìng jì 경기	
139	位 자리 위	位	wèi 웨이	位	位	位
	❶ 位置 wèi zhì 위치		❷ 座位 zuò wèi 좌석		❸ 岗位 gǎng wèi 직장	
140	目 눈 목	目	mù 무	目	目	目
	❶ 目的 mù dì 목적		❷ 目标 mù biāo 목표		❸ 节目 jié mù TV프로그램	

사용빈도	한자(번체)	중국어(간체)	병음·읽기	쓰기				
141	起 일어날 기	起	qǐ / 치	起	起	起		
	❶ 起床 qǐ chuáng (잠에서)일어나다 ❷ 起飞 qǐ fēi 이륙하다 ❸ 了不起 liǎo bu qǐ 비범하다							
142	海 바다 해	海	hǎi / 하이	海	海	海		
	❶ 海鲜 hǎi xiān 해산물 ❷ 海滩 hǎi tān 비치 ❸ 海洋 hǎi yáng 해양							
143	所 바/곳 소	所	suǒ / 수어	所	所	所		
	❶ 所有 suǒ yǒu 소유 ❷ 所得 suǒ dé 소득 ❸ 研究所 yán jiū suǒ 연구소							
144	立 설 립(입)	立	lì / 리	立	立	立		
	❶ 独立 dú lì 독립하다 ❷ 成立 chéng lì 설립하다 ❸ 立即 lì jí 즉시							
145	已 이미 이	已	yǐ / 이	已	已	已		
	❶ 已经 yǐ jīng 이미 ❷ 已婚 yǐ hūn 기혼 ❸ 已往 yǐ wǎng 과거, 이전							
146	通 통할 통	通	tōng / 통	通	通	通		
	❶ 通知 tōng zhī 통지하다 ❷ 通用 tōng yòng 통용하다 ❸ 通称 tōng chēng 통칭							
147	入 들 입	入	rù / 루	入	入	入		
	❶ 入门 rù mén 입문 ❷ 进入 jìn rù 들어가다 ❸ 收入 shōu rù 수입							
148	量 헤아릴 량(양)	量	liàng / 리앙	量	量	量		
	❶ 数量 shù liàng 수량 ❷ 重量 zhòng liàng 중량 ❸ 降水量 jiàng shuǐ liàng 강수량							
149	子 아들 자	子	zǐ / 즈	子	子	子		
	❶ 孔子 kǒng zǐ 공자 ❷ 椅子 yǐ zi 의자 ❸ 被子 bèi zi 이불							
150	問 물을 문	问	wèn / 원	问	问	问		
	❶ 学问 xué wèn 학문 ❷ 问题 wèn tí 문제 ❸ 询问 xún wèn 질문하다							

사용빈도	한자(번체)	중국어(간체)	병음·읽기	쓰기				
151	度 법도 도	度	dù 뚜	度	度	度		
	❶ 速度 sù dù 속도 ❷ 溫度計 wēn dù jì 온도계 ❸ 深度 shēn dù 깊이							
152	北 북녘 북	北	běi 베이	北	北	北		
	❶ 北极 běi jí 북극 ❷ 北美 běi měi 북미 ❸ 北边 běi biān 북쪽							
153	保 지킬/보호할 보	保	bǎo 빠오	保	保	保		
	❶ 保护 bǎo hù 보호하다 ❷ 保镖 bǎo biāo 보디가드 ❸ 保证 bǎo zhèng 보증하다							
154	心 마음 심	心	xīn 신	心	心	心		
	❶ 心情 xīn qíng 기분 ❷ 伤心 shāng xīn 상심하다 ❸ 小心 xiǎo xīn 조심하다							
155	還 돌아올 환	还	huán 후안	还	还	还		
	❶ 还原 huán yuán 환원하다 ❷ 还家 huán jiā 귀가하다 ❸ 补还 bǔ huán 배상하다							
156	科 과목 과	科	kē 크어	科	科	科		
	❶ 科学 kē xué 과학 ❷ 内科 nèi kē 내과 ❸ 本科 běn kē 대학 전공							
157	委 맡길 위	委	wěi 웨이	委	委	委		
	❶ 委员 wěi yuán 위원 ❷ 委托 wěi tuō 위탁하다 ❸ 委任 wěi rèn 위임하다							
158	都 도읍/모두 도	都	dū/dōu 뚜/떠우	都	都	都		
	❶ 首都 shǒu dū 수도 ❷ 都市 dū shì 도시 ❸ 都是 dōu shì 모두							
159	術 재주 술	术	shù 슈	术	术	术		
	❶ 技术 jì shù 기술 ❷ 艺术 yì shù 예술 ❸ 幻术 huàn shù 마술							
160	使 하여금/부릴 사	使	shǐ 스	使	使	使		
	❶ 使用 shǐ yòng 사용 ❷ 大使馆 dà shǐ guǎn 대사관 ❸ 公使 gōng shǐ 공사							

사용빈도	한자(번체)	중국어(간체)	병음·읽기	쓰기
161	明 밝을 명	明	míng / 밍	明 明 明
	❶ 明白 míng bái 명백하다　❷ 明确 míng què 명확하다　❸ 明亮 míng liàng 밝다			
162	着 붙을/…하고 있다 착	着	zháo/zhe / 짜오/져	着 着 着
	❶ 着急 zháo jí 초조해하다　❷ 着火 zháo huǒ 불나다　❸ 着迷 zháo mí 몰두하다			
163	次 버금 차	次	cì / 츠	次 次 次
	❶ 其次 qí cì 그 다음　❷ 次要 cì yào 차선　❸ 次第 cì dì 차례			
164	將 장차/장수 장	将	jiāng/jiàng / 찌앙	将 将 将
	❶ 大将 dà jiàng 대장　❷ 即将 jí jiāng 곧　❸ 主将 zhǔ jiàng 주장			
165	增 더할 증	增	zēng / 쩡	增 增 增
	❶ 增加 zēng jiā 증가하다　❷ 递增 dì zēng 점차 증가하다　❸ 增修 zēng xiū 증설하다			
166	基 터 기	基	jī / 지	基 基 基
	❶ 基本 jī běn 기본　❷ 基础 jī chǔ 기초　❸ 基地 jī dì 기지			
167	名 이름 명	名	míng / 밍	名 名 名
	❶ 名字 míng zi 이름　❷ 姓名 xìng míng 성명　❸ 报名 bào míng 등록하다			
168	向 향할 향	向	xiàng / 시앙	向 向 向
	❶ 一向 yí xiàng 항상　❷ 导向 dǎo xiàng 유도하다　❸ 方向 fāng xiàng 방향			
169	門 문 문	门	mén / 먼	门 门 门
	❶ 门户 mén hù 문호　❷ 出门 chū mén 외출하다　❸ 房门 fáng mén 방문			
170	應 응할 응	应	yìng / 잉	应 应 应
	❶ 应聘 yìng pìn 초빙에 응하다　❷ 适应 shì yìng 적응하다　❸ 反应 fǎn yìng 반응하다			

사용빈도	한자(번체)	중국어(간체)	병음·읽기	쓰기				
171	里 마을 리(이)	里	lǐ / 리	里	里	里		
	❶ 里长 lǐ zhǎng 이장　❷ 里面 lǐ miàn 안쪽　❸ 公里 gōng lǐ 킬로미터							
172	美 아름다울 미	美	měi / 메이	美	美	美		
	❶ 美丽 měi lì 아름답다　❷ 美术 měi shù 미술　❸ 完美 wán měi 완벽하다							
173	由 말미암을 유	由	yóu / 여우	由	由	由		
	❶ 自由 zì yóu 자유　❷ 理由 lǐ yóu 이유　❸ 由于 yóu yú …때문에							
174	規 법 규	规	guī / 꾸이	规	规	规		
	❶ 规定 guī dìng 규정　❷ 规划 guī huà 기획하다　❸ 规避 guī bì 피하다							
175	今 이제 금	今	jīn / 찐	今	今	今		
	❶ 今天 jīn tiān 오늘　❷ 至今 zhì jīn 지금까지　❸ 从今 cóng jīn 지금부터							
176	題 제목 제	题	tí / 티	题	题	题		
	❶ 题目 tí mù 제목　❷ 主题 zhǔ tí 주제　❸ 话题 huà tí 화제							
177	記 기록할 기	记	jì / 찌	记	记	记		
	❶ 日记 rì jì 일기　❷ 记录 jì lù 기록　❸ 记者 jì zhě 기자							
178	點 점 점	点	diǎn / 디엔	点	点	点		
	❶ 重点 zhòng diǎn 중점　❷ 优点 yōu diǎn 장점　❸ 点心 diǎn xīn 디저트							
179	計 셈할 계	计	jì / 찌	计	计	计		
	❶ 计划 jì huà 계획하다　❷ 计算 jì suàn 계산하다　❸ 设计 shè jì 설계하다							
180	去 갈 거	去	qù / 취	去	去	去		
	❶ 过去 guò qù 과거　❷ 失去 shī qù 잃다　❸ 出去 chū qù 나가다							

사용빈도	한자(번체)	중국어(간체)	병음·읽기	쓰기				
181	強/强 강할 강	强	qiáng / 치앙	强	强	强		
	❶ 坚强 jiān qiáng 굳세다　❷ 强壮 qiáng zhuàng 건장하다　❸ 强烈 qiáng liè 강렬하다							
182	兩 두 량(양)	两	liǎng / 리앙	两	两	两		
	❶ 两面 liǎng miàn 양면　❷ 两相 liǎng xiāng 양측　❸ 两手空空 liǎng shǒu kōng kōng 빈손							
183	些 적을 사	些	xiē / 시에	些	些	些		
	❶ 一些 yì xiē 약간, 조금　❷ 些小 xiē xiǎo 미세하다　❸ 好些 hǎo xiē 수많은							
184	表 거죽/겉 표	表	biǎo / 비아오	表	表	表		
	❶ 表格 biǎo gé (양식)표　❷ 表演 biǎo yǎn 공연하다　❸ 表示 biǎo shì (뜻)나타내다							
185	系 맬/이을 계	系	xì / 시	系	系	系		
	❶ 关系 guān xì 관계, 연줄　❷ 系列 xì liè 계열　❸ 悬系 xuán xì 걱정하다							
186	辨 분별할 변	辨	biàn / 삐엔	辨	辨	辨		
	❶ 分辨 fēn biàn 분별하다　❷ 辨白 biàn bái 변명하다　❸ 辨尝 biàn cháng 맛보다							
187	教 가르칠 교	教	jiào / 찌아오	教	教	教		
	❶ 教育 jiào yù 교육　❷ 教室 jiào shì 교실　❸ 教授 jiào shòu 교수							
188	正 바를 정	正	zhèng / 쩡	正	正	正		
	❶ 正确 zhèng què 정확하다　❷ 正面 zhèng miàn 정면　❸ 正式 zhèng shì 정식							
189	條 가지 조	条	tiáo / 티아오	条	条	条		
	❶ 面条 miàn tiáo 국수　❷ 领条 lǐng tiáo 영수증　❸ 欠条 qiàn tiáo 차용 증서							
190	最 가장 최	最	zuì / 쭈에이	最	最	最		
	❶ 最近 zuì jìn 최근　❷ 最高 zuì gāo 최고　❸ 最低 zuì dī 최저							

사용빈도	한자(번체)	중국어(간체)	병음·읽기	쓰기				
191	達 이를/통달할 달	达	dá 다	达	达	达		
	❶ 发达 fā dá 발달되다　❷ 到达 dào dá 도달하다　❸ 达人 dá rén 달인							
192	特 특별할 특	特	tè 트어	特	特	特		
	❶ 特点 tè diǎn 특징　❷ 特色 tè sè 특색　❸ 独特 dú tè 독특하다							
193	革 가죽 혁	革	gé 끄어	革	革	革		
	❶ 革命 gé mìng 혁명　❷ 改革 gǎi gé 개혁　❸ 皮革 pí gé 피혁							
194	收 거둘 수	收	shōu 셔우	收	收	收		
	❶ 收藏 shōu cáng 소장하다　❷ 收入 shōu rù 수입　❸ 收获 shōu huò 수확							
195	二 두 이	二	èr 얼	二	二	二		
	❶ 二月 èr yuè 이월　❷ 二心 èr xīn 두마음　❸ 二婚 èr hūn 재혼하다							
196	期 기약할 기	期	qī 치	期	期	期		
	❶ 期望 qī wàng 바라다　❷ 学期 xué qī 학기　❸ 期间 qī jiān 기간							
197	竝 나란히 병	并	bìng 삥	并	并	并		
	❶ 并且 bìng qiě 그리고　❷ 合并 hé bìng 합병하다　❸ 并存 bìng cún 공존하다							
198	程 한도/길 정	程	chéng 청	程	程	程		
	❶ 过程 guò chéng 과정　❷ 日程 rì chéng 일정　❸ 单程 dān chéng 편도							
199	廠 헛간 창	厂	chǎng 창	厂	厂	厂		
	❶ 工厂 gōng chǎng 공장　❷ 厂长 chǎng zhǎng 공장장　❸ 船厂 chuán chǎng 조선소							
200	如 같을 여	如	rú 루	如	如	如		
	❶ 如果 rú guǒ 만약　❷ 例如 lì rú 예를 들어　❸ 如期 rú qī 예정대로							

사용빈도	한자(번체)	중국어(간체)	병음·읽기	쓰기				
201	道 길 도	道	dào / 따오	道	道	道		
	❶ 道德 dào dé 도덕　❷ 知道 zhī dào 알다　❸ 街道 jiē dào 거리							
202	際 즈음/가 제	际	jì / 찌	际	际	际		
	❶ 实际 shí jì 실제　❷ 交际 jiāo jì 교제하다　❸ 国际 guó jì 국제							
203	及 미칠 급	及	jí / 지	及	及	及		
	❶ 及时 jí shí 때가 맞다　❷ 及格 jí gé 합격하다　❸ 普及 pǔ jí 보급되다							
204	西 서녘 서	西	xī / 시	西	西	西		
	❶ 西洋 xī yáng 서양　❷ 西部 xī bù 서부　❸ 西方 xī fāng 서쪽							
205	口 입 구	口	kǒu / 커우	口	口	口		
	❶ 入口 rù kǒu 입구　❷ 口碑 kǒu bēi 입소문, 평가　❸ 口气 kǒu qì 말투							
206	京 서울 경	京	jīng / 찡	京	京	京		
	❶ 北京 běi jīng 북경　❷ 东京 dōng jīng 동경　❸ 京剧 jīng jù 경극							
207	華 빛날 화	华	huá / 후아	华	华	华		
	❶ 豪华 háo huá 호화스럽다　❷ 繁华 fán huá 번화하다　❸ 华侨 huá qiáo 화교							
208	任 맡길 임	任	rèn / 런	任	任	任		
	❶ 任务 rèn wu 임무　❷ 责任 zé rèn 책임　❸ 任命 rèn mìng 임명하다							
209	調 고를/조사할 조	调	tiáo/diào / 티아오/디아오	调	调	调		
	❶ 调整 tiáo zhěng 조정하다　❷ 调查 diào chá 조사하다　❸ 调皮 tiáo pí 짓궂다							
210	性 성품 성	性	xìng / 씽	性	性	性		
	❶ 性别 xìng bié 성별　❷ 性格 xìng gé 성격　❸ 男性 nán xìng 남성							

사용빈도	한자(번체)	중국어(간체)	병음·읽기	쓰기				
211	導 이끌/인도할 도	导	dǎo / 다오	导	导	导		
	❶ 导游 dǎo yóu 가이드　❷ 指导 zhǐ dǎo 지도하다　❸ 引导 yǐn dǎo 인도하다							
212	組 짤 조	组	zǔ / 주	组	组	组		
	❶ 组合 zǔ hé 조합　❷ 组成 zǔ chéng 조성하다　❸ 组长 zǔ zhǎng 조장, 반장							
213	東 동녘 동	东	dōng / 똥	东	东	东		
	❶ 东洋 dōng yáng 동양　❷ 东方 dōng fāng 동방　❸ 房东 fáng dōng 집주인							
214	路 길 로(노)	路	lù / 루	路	路	路		
	❶ 路线 lù xiàn 노선　❷ 道路 dào lù 도로　❸ 迷路 mí lù 길을 잃다							
215	活 살 활	活	huó / 후어	活	活	活		
	❶ 活动 huó dòng 활동　❷ 生活 shēng huó 생활　❸ 活泼 huó pō 활발하다							
216	廣 넓을 광	广	guǎng / 꾸앙	广	广	广		
	❶ 广场 guǎng chǎng 광장　❷ 广告 guǎng gào 광고　❸ 广播 guǎng bō 라디오							
217	意 뜻 의	意	yì / 이	意	意	意		
	❶ 意思 yì si 뜻　❷ 愿意 yuàn yì 허락하다　❸ 满意 mǎn yì 만족스럽다							
218	比 견줄/비교할 비	比	bǐ / 비	比	比	比		
	❶ 比赛 bǐ sài 시합　❷ 比较 bǐ jiào 비교하다　❸ 比如 bǐ rú 예를 들어							
219	投 던질 투	投	tóu / 터우	投	投	投		
	❶ 投资 tóu zī 투자하다　❷ 投降 tóu jiàng 투항하다　❸ 投入 tóu rù 투입하다							
220	決 결단할 결	决	jué / 쥐에	决	决	决		
	❶ 决定 jué dìng 결정　❷ 解决 jiě jué 해결　❸ 决心 jué xīn 결심하다							

사용빈도	한자(번체)	중국어(간체)	병음·읽기	쓰기				
221	交 사귈 교	交	jiāo / 지아오	交	交	交		
	❶ 交通 jiāo tōng 교통 ❷ 交流 jiāo liú 교류 ❸ 交换 jiāo huàn 교환하다							
222	統 거느릴 통	统	tǒng / 통	统	统	统		
	❶ 统一 tǒng yī 통일하다 ❷ 传统 chuán tǒng 전통 ❸ 血统 xuè tǒng 혈통							
223	黨 무리 당	党	dǎng / 당	党	党	党		
	❶ 党委 dǎng wěi 당 위원회 ❷ 党员 dǎng yuán 당원 ❸ 党规 dǎng guī 당규							
224	南 남녘 남	南	nán / 난	南	南	南		
	❶ 南部 nán bù 남부 ❷ 南极 nán jí 남극 ❸ 南北 nán běi 남북							
225	安 편안할 안	安	ān / 안	安	安	安		
	❶ 安心 ān xīn 안심하다 ❷ 安全 ān quán 안전하다 ❸ 安定 ān dìng 안정							
226	此 이 차	此	cǐ / 츠	此	此	此		
	❶ 彼此 bǐ cǐ 피차, 서로 ❷ 此后 cǐ hòu 이후 ❸ 此时 cǐ shí 이때, 지금							
227	領 거느릴 령(영)	领	lǐng / 링	领	领	领		
	❶ 领导 lǐng dǎo 지도자 ❷ 领域 lǐng yù 영역 ❸ 领带 lǐng dài 넥타이							
228	結 맺을 결	结	jié / 지에	结	结	结		
	❶ 结束 jié shù 끝내다 ❷ 结婚 jié hūn 결혼 ❸ 结帐 jié zhàng 계산하다							
229	營 경영할 영	营	yíng / 잉	营	营	营		
	❶ 经营 jīng yíng 경영하다 ❷ 营业 yíng yè 영업하다 ❸ 营销 yíng xiāo 판매하다							
230	航 항목 항	航	háng / 항	航	航	航		
	❶ 航班 háng bān 운항편 ❷ 导航 dǎo háng 인도하다 ❸ 航线 háng xiàn 항로							

사용빈도	한자(번체)	중국어(간체)	병음 · 읽기	쓰기		
231	情 뜻 정	情	qíng / 칭	情	情	情

❶ 情绪 qíng xù 기분　❷ 感情 gǎn qíng 감정　❸ 情人节 qíng rén jié 발렌타인데이

232	解 풀 해	解	jiě / 지에	解	解	解

❶ 解说 jiě shuō 해설　❷ 解释 jiě shì 해명하다　❸ 分解 fēn jiě 분해하다

233	議 의논할 의	议	yì / 이	议	议	议

❶ 议会 yì huì 의회　❷ 建议 jiàn yì 건의하다　❸ 会议 huì yì 회의

234	義 옳을/의로울 의	义	yì / 이	义	义	义

❶ 义气 yì qì 의리　❷ 道义 dào yì 도의　❸ 意义 yì yì 의의

235	山 메/뫼 산	山	shān / 샨	山	山	山

❶ 山顶 shān dǐng 산꼭대기　❷ 山河 shān hé 산하　❸ 山羊 shān yáng 산양

236	先 먼저 선	先	xiān / 시엔	先	先	先

❶ 先生 xiān shēng 선생　❷ 先进 xiān jìn 선진　❸ 先锋 xiān fēng 선봉

237	車 수레 차/거	车	chē / 쳐	车	车	车

❶ 停车 tíng chē 주차하다　❷ 火车 huǒ chē 기차　❸ 汽车 qì chē 자동차

238	然 그럴 연	然	rán / 란	然	然	然

❶ 自然 zì rán 자연　❷ 虽然 suī rán 비록　❸ 当然 dāng rán 당연하다

239	價 값 가	价	jià / 찌아	价	价	价

❶ 价钱 jià qián 가격　❷ 价值 jià zhí 가치　❸ 优惠价 yōu huì jià 할인가

240	放 놓을 방	放	fàng / 팡	放	放	放

❶ 放学 fàng xué 수업을 마치다　❷ 放心 fàng xīn 안심하다　❸ 放弃 fàng qì 포기하다

사용빈도	한자(번체)	중국어(간체)	병음·읽기	쓰기
241	世 인간/대 세	世	shì / 스	世 世 世
	❶ 世界 shì jiè 세계 ❷ 世纪 shì jì 세기 ❸ 去世 qù shì 돌아가다			
242	間 사이 간	间	jiān / 지엔	间 间 间
	❶ 房间 fáng jiān 방 ❷ 时间 shí jiān 시간 ❸ 间接 jiàn jiē 간접적 ❹ 洗手间 xǐshǒujiān 화장실			
243	因 인할 인	因	yīn / 인	因 因 因
	❶ 因为 yīn wèi 그래서 ❷ 因此 yīn cǐ 이로 인하여 ❸ 原因 yuán yīn 원인			
244	共 한가지/함께 공	共	gòng / 꿍	共 共 共
	❶ 一共 yí gòng 전부 ❷ 共同 gòng tóng 함께 ❸ 公共 gōng gòng 공공의			
245	院 집 원	院	yuàn / 위엔	院 院 院
	❶ 医院 yī yuàn 병원 ❷ 法院 fǎ yuàn 법원 ❸ 剧院 jù yuàn 극장			
246	步 걸음 보	步	bù / 뿌	步 步 步
	❶ 跑步 pǎo bù 뛰다 ❷ 散步 sàn bù 산책하다 ❸ 轻步 qīng bù 가벼운 걸음			
247	物 물건 물	物	wù / 우	物 物 物
	❶ 礼物 lǐ wù 선물 ❷ 生物 shēng wù 생물 ❸ 物质 wù zhì 물질			
248	界 지경 계	界	jiè / 찌에	界 界 界
	❶ 边界 biān jiè 경계선 ❷ 金融界 jīn róng jiè 금융계 ❸ 世界 shì jiè 세계			
249	集 모을 집	集	jí / 지	集 集 集
	❶ 集合 jí hé 집합하다 ❷ 集中 jí zhōng 집중하다 ❸ 市集 shì jí 시장			
250	把 잡을 파	把	bǎ / 빠	把 把 把
	❶ 把握 bǎ wò 파악하다 ❷ 把手 bǎ shou 손잡이 ❸ 把守 bǎ shǒu 지키다, 방어하다			

사용빈도	한자(번체)	중국어(간체)	병음·읽기	쓰기
251	持 가질 지	持	chí / 츠	持 持 持
	❶ 持有 chí yǒu 보유 ❷ 主持 zhǔ chí 사회를 보다 ❸ 支持 zhī chí 지지하다			
252	無 없을 무	无	wú / 우	无 无 无
	❶ 无聊 wú liáo 무료하다 ❷ 无数 wú shù 무수한다 ❸ 无法 wú fǎ 방법이 없다			
253	但 다만 단	但	dàn / 딴	但 但 但
	❶ 但是 dàn shì 그러나 ❷ 不但 bú dàn …뿐만 아니라 ❸ 但书 dàn shū 단서			
254	城 재/성 성	城	chéng / 청	城 城 城
	❶ 城市 chéng shì 도시 ❷ 城堡 chéng bǎo 성 ❸ 长城 cháng chéng 만리장성			
255	相 서로 상	相	xiāng / 시앙	相 相 相
	❶ 互相 hù xiāng 서로, 상호 ❷ 相信 xiāng xìn 믿다 ❸ 照相机 zhào xiàng jī 카메라			
256	書 글 서	书	shū / 슈	书 书 书
	❶ 书包 shū bāo 책가방 ❷ 秘书 mì shū 비서 ❸ 书架 shū jià 책장			
257	村 마을 촌	村	cūn / 춘	村 村 村
	❶ 村落 cūn luò 마을 ❷ 农村 nóng cūn 농촌 ❸ 山村 shān cūn 산촌			
258	求 구할 구	求	qiú / 치어우	求 求 求
	❶ 要求 yāo qiú 요구 ❷ 请求 qǐng qiú 요청하다 ❸ 求婚 qiú hūn 구혼하다			
259	治 다스릴 치	治	zhì / 즈	治 治 治
	❶ 统治 tǒng zhì 통치하다 ❷ 治安 zhì ān 치안 ❸ 治疗 zhì liáo 치료하다			
260	取 가질/취할 취	取	qǔ / 취	取 取 取
	❶ 录取 lù qǔ 채용하다 ❷ 取消 qǔ xiāo 취소하다 ❸ 采取 cǎi qǔ 채택하다			

사용빈도	한자(번체)	중국어(간체)	병음·읽기	쓰기			
261	原 언덕/근원 원	原	yuán / 위엔	原	原	原	
	❶ 原谅 yuán liàng 용서하다 ❷ 原则 yuán zé 원칙 ❸ 原因 yuán yīn 원인						
262	處 곳/살 처	处	chù/chǔ / 츄	处	处	处	
	❶ 处理 chǔ lǐ 처리하다 ❷ 好处 hǎo chù 좋은 점 ❸ 同处 tóng chǔ 동거하다						
263	府 관청 부	府	fǔ / 푸	府	府	府	
	❶ 政府 zhèng fǔ 정부 ❷ 官府 guān fǔ 관청 ❸ 市府 shì fǔ 시청						
264	硏 갈 연	研	yán / 이엔	研	研	研	
	❶ 研讨 yán tǎo 연구, 토론하다 ❷ 研究 yán jiū 연구하다 ❸ 研磨机 yán mó jī 연마기						
265	質 바탕 질	质	zhì / 즈	质	质	质	
	❶ 质料 zhì liào 원료 ❷ 物质 wù zhì 물질 ❸ 品质 pǐn zhì 품질						
266	信 믿을 신	信	xìn / 씬	信	信	信	
	❶ 相信 xiāng xìn 믿다 ❷ 信封 xìn fēng 편지봉투 ❸ 信用卡 xìn yòng kǎ 신용카드						
267	四 넉 사	四	sì / 쓰	四	四	四	
	❶ 四季 sì jì 사계 ❷ 四肢 sì zhī 사지 ❸ 四声 sì shēng 사성						
268	運 옮길/움직일 운	运	yùn / 윈	运	运	运	
	❶ 运气 yùn qì 운수 ❷ 幸运 xìng yùn 행운 ❸ 运动 yùn dòng 운동						
269	縣 고을 현	县	xiàn / 시엔	县	县	县	
	❶ 县里 xiàn li 현의 관청 ❷ 县府 xiàn fǔ 현 정부 ❸ 县界 xiàn jiè 현 경계						
270	軍 군사 군	军	jūn / 쥔	军	军	军	
	❶ 军人 jūn rén 군인 ❷ 军队 jūn duì 군대 ❸ 军舰 jūn jiàn 군함						

사용빈도	한자(번체)	중국어(간체)	병음·읽기	쓰기		
271	件 물건/조건 건	件	jiàn 찌엔	件	件	件
	❶ 条件 tiáo jiàn 조건		❷ 文件 wén jiàn 서류, 문건		❸ 附件 fù jiàn 부속품	
272	育 기를 육	育	yù 위	育	育	育
	❶ 体育 tǐ yù 체육		❷ 养育 yǎng yù 양육하다		❸ 培育 péi yù 키우다	
273	局 판 국	局	jú 쥐	局	局	局
	❶ 邮局 yóu jú 우체국		❷ 结局 jié jú 결말		❸ 局面 jú miàn 국면	
274	干 방패 간	干	gān 깐	干	干	干
	❶ 干净 gān jìng 깨끗하다		❷ 干杯 gān bēi 건배하다		❸ 干涉 gān shè 간섭하다	
275	隊 떼/무리 대	队	duì 뚜에이	队	队	队
	❶ 队伍 duì wu 대열, 대오		❷ 军队 jūn duì 군대		❸ 队员 duì yuán 대원	
276	團 둥글 단	团	tuán 투안	团	团	团
	❶ 集团 jí tuán 집단		❷ 团结 tuán jié 단결하다		❸ 团体 tuán tǐ 단체	
277	又 또 우	又	yòu 여우	又	又	又
	❶ 又名 yòu míng 다른 이름		❷ 又称 yòu chēng 다른 호칭		❸ 重又 chóng yòu 거듭	
278	造 지을 조	造	zào 짜오	造	造	造
	❶ 创造 chuàng zào 창조하다		❷ 营造 yíng zào 경영하다		❸ 造成 zào chéng 조성하다	
279	形 모양/형상 형	形	xíng 씽	形	形	形
	❶ 形状 xíng zhuàng 형태		❷ 形象 xíng xiàng 이미지		❸ 形容 xíng róng 형용하다	
280	級 등급 급	级	jí 지	级	级	级
	❶ 年级 nián jí 학년		❷ 等级 děng jí 등급, 계급		❸ 班级 bān jí 반, 학급	

사용빈도	한자(번체)	중국어(간체)	병음·읽기	쓰기				
281	標 표할 표	标	biāo 삐아오	标	标	标		
	❶ 标准 biāo zhǔn 표준, 기준　❷ 目标 mù biāo 목표　❸ 商标 shāng biāo 상표							
282	聯 연이을 련(연)	联	lián 리엔	联	联	联		
	❶ 联系 lián xì 관계하다　❷ 联络 lián luò 연락하다　❸ 互联网 hù lián wǎng 인터넷							
283	專 오로지 전	专	zhuān 쭈안	专	专	专		
	❶ 专业 zhuān yè 전공　❷ 专家 zhuān jiā 전문가　❸ 专科 zhuān kē 전문 과목							
284	少 적을 소	少	shǎo 샤오	少	少	少		
	❶ 少数 shǎo shù 소수　❷ 减少 jiǎn shǎo 감소하다　❸ 缺少 quē shǎo 부족하다							
285	費 쓸 비	费	fèi 페이	费	费	费		
	❶ 浪费 làng fèi 낭비하다　❷ 消费 xiāo fèi 소비하다　❸ 经费 jīng fèi 경비, 비용							
286	效 본받을 효	效	xiào 시아오	效	效	效		
	❶ 有效 yǒu xiào 유효하다　❷ 效用 xiào yòng 효능　❸ 失效 shī xiào 효력을 잃다							
287	据 일할 거	据	jù 쥐	据	据	据		
	❶ 收据 shōu jù 영수증　❷ 证据 zhèng jù 증거　❸ 占据 zhàn jù 점거하다							
288	手 손 수	手	shǒu 셔우	手	手	手		
	❶ 手术 shǒu shù 수술　❷ 手表 shǒu biǎo 시계　❸ 手机 shǒu jī 휴대폰							
289	施 베풀 시	施	shī 스	施	施	施		
	❶ 设施 shè shī 시설　❷ 措施 cuò shī 조치　❸ 施工 shī gōng 시공하다							
290	權 권세 권	权	quán 취엔	权	权	权		
	❶ 权利 quán lì 권리　❷ 权威 quán wēi 권위　❸ 主权 zhǔ quán 주권							

사용빈도	한자(번체)	중국어(간체)	병음 · 읽기	쓰기
291	江 강 강	江	jiāng / 지앙	江 江 江
	❶ 长江 cháng jiāng 양자강 ❷ 江河 jiāng hé 강 ❸ 江湖 jiāng hú 강호			
292	近 가까울 근	近	jìn / 찐	近 近 近
	❶ 近视 jìn shì 근시 ❷ 附近 fù jìn 근처 ❸ 最近 zuì jìn 최근			
293	深 깊을 심	深	shēn / 션	深 深 深
	❶ 深度 shēn dù 깊이 ❷ 深刻 shēn kè 매우 강렬하다 ❸ 资深 zī shēn 경력이 오래된			
294	更 고칠/다시 경/갱	更	gēng / 껑	更 更 更
	❶ 更换 gēng huàn 교체하다 ❷ 更改 gēng gǎi 수정하다 ❸ 更新 gēng xīn 갱신하다			
295	認 알/인정할 인	认	rèn / 런	认 认 认
	❶ 认同 rèn tóng 승인하다 ❷ 否认 fǒu rèn 부인하다 ❸ 认可 rèn kě 인가하다			
296	果 실과/열매 과	果	guǒ / 구어	果 果 果
	❶ 水果 shuǐ guǒ 과일 ❷ 苹果 píng guǒ 사과 ❸ 果汁 guǒ zhī 과일주스			
297	格 격식 격	格	gé / 끄어	格 格 格
	❶ 性格 xìng gé 성격 ❷ 价格 jià gé 가격, 값 ❸ 及格 jí gé 합격하다			
298	幾 몇 기	几	jǐ / 지	几 几 几
	❶ 几多 jǐ duō 몇, 얼마 ❷ 无几 wú jǐ 많지 않다 ❸ 几时 jǐ shí 언제			
299	看 볼 간	看	kàn / 칸	看 看 看
	❶ 看法 kàn fǎ 견해 ❷ 看见 kàn jiàn 보이다 ❸ 看错 kàn cuò 잘못보다			
300	沒 빠질 몰	没	mò/méi / 모어/메이	没 没 没
	❶ 浸没 jìn mò 물에 잠기다 ❷ 没用 méi yòng 소용 없다 ❸ 没关系 méi guān xi 상관 없다			

사용빈도	한자(번체)	중국어(간체)	병음·읽기	쓰기				
301	職 직분/벼슬 직	职	zhí / 즈	职	职	职		
	❶ 职业 zhí yè 직업 　❷ 辞职 cí zhí 사직하다 　❸ 职员 zhí yuán 직원							
302	服 옷 복	服	fú / 푸	服	服	服		
	❶ 衣服 yī fu 옷 　❷ 服务员 fú wù yuán 종업원 　❸ 服装 fú zhuāng 복장							
303	臺 대 대	台	tái / 타이	台	台	台		
	❶ 台阶 tái jiē 계단 　❷ 柜台 guì tái 계산대 　❸ 站台 zhàn tái 플랫폼							
304	式 법 식	式	shì / 스	式	式	式		
	❶ 仪式 yí shì 의식 　❷ 形式 xíng shì 형식 　❸ 正式 zhèng shì 정식							
305	益 더할 익	益	yì / 이	益	益	益		
	❶ 效益 xiào yì 효익 　❷ 利益 lì yì 이익 　❸ 有益 yǒu yì 유익하다							
306	想 생각 상	想	xiǎng / 시앙	想	想	想		
	❶ 想象 xiǎng xiàng 상상하다 　❷ 理想 lǐ xiǎng 이상 　❸ 梦想 mèng xiǎng							
307	數 셀 수	数	shù / 슈	数	数	数		
	❶ 数字 shù zì 숫자 　❷ 数学 shù xué 수학							
308	單 홑 단	单	dān / 딴	单	单	单		
	❶ 单独 dān dú 단독 　❷ 单身 dān shēn 싱글 　❸ 菜单 cài dān 식단							
309	樣 모양 양	样	yàng / 양	样	样	样		
	❶ 样式 yàng shì 양식, 모양 　❷ 样品 yàng pǐn 샘플 　❸ 同样 tóng yàng 서로 같다							
310	只 다만 지	只	zhǐ / 즈	只	只	只		
	❶ 只好 zhǐ hǎo 부득이 　❷ 只是 zhǐ shì 단지, 오직 　❸ 只管 zhǐ guǎn 얼마든지							

사용빈도	한자(번체)	중국어(간체)	병음·읽기	쓰기
311	被 입을 피	被	bèi / 뻬이	被 被 被
	❶ 被子 bèi zi 이불 ❷ 被告 bèi gào 피고 ❸ 被捕 bèi bǔ 체포되다			
312	億 억 억	亿	yì / 이	亿 亿 亿
	❶ 亿万 yì wàn 억만 ❷ 十亿 shí yì 십억 ❸ 万亿 wàn yì 조			
313	老 늙을 로(노)	老	lǎo / 라오	老 老 老
	❶ 老师 lǎo shī 선생님 ❷ 老人 lǎo rén 노인 ❸ 老虎 lǎo hǔ 호랑이			
314	愛 사랑 애	爱	ài / 아이	爱 爱 爱
	❶ 爱情 ài qíng 사랑 ❷ 可爱 kě ài 귀엽다 ❸ 恋爱 liàn ài 연애			
315	優 넉넉할 우	优	yōu / 여우	优 优 优
	❶ 优点 yōu diǎn 장점 ❷ 优势 yōu shì 우세 ❸ 优越 yōu yuè 우수하다			
316	常 떳떳할/항상 상	常	cháng / 창	常 常 常
	❶ 时常 shí cháng 자주 ❷ 正常 zhèng cháng 정상적 ❸ 平常 píng cháng 평소			
317	銷 녹일 소	销	xiāo / 시아오	销 销 销
	❶ 销售 xiāo shòu 판매하다 ❷ 撤销 chè xiāo 없애다 ❸ 经销 jīng xiāo 위탁 판매하다			
318	志 뜻 지	志	zhì / 즈	志 志 志
	❶ 志气 zhì qì 패기 ❷ 杂志 zá zhì 잡지 ❸ 同志 tóng zhì 동지			
319	戰 싸움 전	战	zhàn / 짠	战 战 战
	❶ 战争 zhàn zhēng 전쟁 ❷ 挑战 tiǎo zhàn 도전하다 ❸ 战术 zhàn shù 전술			
320	流 흐를 류(유)	流	liú / 리어우	流 流 流
	❶ 交流 jiāo liú 교류하다 ❷ 流行 liú xíng 유행 ❸ 一流 yì liú 일류			

사용빈도	한자(번체)	중국어(간체)	병음·읽기	쓰기
321	很 패려궂을 흔	很	hěn / 헌	很 很 很
	❶ 很久 hěn jiǔ 긴 세월 ❷ 很少 hěn shǎo 아주 적다 ❸ 很愿意 hěn yuàn yì …하고 싶다			
322	接 사귈 접	接	jiē / 지에	接 接 接
	❶ 接待 jiē dài 접대하다 ❷ 接触 jiē chù 접촉하다 ❸ 接受 jiē shòu 받아 들이다			
323	鄕 시골 향	乡	xiāng / 시앙	乡 乡 乡
	❶ 故乡 gù xiāng 고향 ❷ 乡镇 xiāng zhèn 소도시 ❸ 还乡 huán xiāng 귀향하다			
324	頭 머리 두	头	tóu / 터우	头 头 头
	❶ 头发 tóu fā 머리카락 ❷ 骨头 gǔ tóu 뼈 ❸ 馒头 mán tóu 호빵			
325	給 줄 급	给	gěi/jǐ / 게이/지	给 给 给
	❶ 供给 gōng jǐ 공급하다 ❷ 补给 bǔ jǐ 보급하다 ❸ 发给 fā gěi 발급하다			
326	至 이를 지	至	zhì / 즈	至 至 至
	❶ 至少 zhì shǎo 적어도 ❷ 甚至 shèn zhì 심지어 ❸ 冬至 dōng zhì 동지			
327	難 어려울 난(란)	难	nán / 난	难 难 难
	❶ 灾难 zāi nàn 재난 ❷ 难民 nàn mín 난민 ❸ 难得 nán dé 얻기 어렵다			
328	觀 볼 관	观	guān / 꾸안	观 观 观
	❶ 观光 guān guāng 관광 ❷ 景观 jǐng guān 경치 ❸ 观赏 guān shǎng 감상하다			
329	指 손가락 지	指	zhǐ / 즈	指 指 指
	❶ 戒指 jiè zhi 반지 ❷ 指挥 zhǐ huī 지휘하다 ❸ 手指 shǒu zhǐ 손가락			
330	創 비롯할 창	创	chuàng / 추앙	创 创 创
	❶ 创刊 chuàng kān 창간하다 ❷ 创造 chuàng zào 창조하다 ❸ 创业 chuàng yè 창업하다			

사용빈도	한자(번체)	중국어(간체)	병음·읽기	쓰기				
331	證 증거 증	证	zhèng 쩡	证	证	证		
	❶ 证明 zhèng míng 증명하다 ❷ 签证 qiān zhèng 비자 ❸ 身份证 shēn fèn zhèng 신분증							
332	織 짤 직	织	zhī 즈	织	织	织		
	❶ 组织 zǔ zhī 조직하다 ❷ 编织 biān zhī 엮다, 뜨다 ❸ 织布 zhī bù 베를 짜다							
333	論 논할 론(논)	论	lùn 룬	论	论	论		
	❶ 辩论 biàn lùn 변론하다 ❷ 论文 lùn wén 논문 ❸ 讨论 tǎo lùn 토론							
334	別 다를 별	别	bié 비에	别	别	别		
	❶ 别墅 bié shù 별장 ❷ 特别 tè bié 특별하다 ❸ 别人 bié rén 타인							
335	五 다섯 오	五	wǔ 우	五	五	五		
	❶ 五官 wǔ guān 오관 ❷ 五谷 wǔ gǔ 오곡 ❸ 五月 wǔ yuè 오월							
336	協 화합할/도울 협	协	xié 시에	协	协	协		
	❶ 协会 xié huì 협회 ❷ 协助 xié zhù 협조하다 ❸ 协定 xié dìng 협정							
337	變 변할 변	变	biàn 삐엔	变	变	变		
	❶ 转变 zhuǎn biàn 바뀌다 ❷ 变形 biàn xíng 변형 ❸ 变故 biàn gù 변고							
338	風 바람 풍	风	fēng 펑	风	风	风		
	❶ 台风 tái fēng 태풍 ❷ 风俗 fēng sú 풍습 ❸ 风景 fēng jǐng 풍경							
339	批 비평할 비	批	pī 피	批	批	批		
	❶ 批评 pī píng 비판하다 ❷ 批准 pī zhǔn 비준하다 ❸ 批发 pī fā 도매하다							
340	見 볼 견	见	jiàn 찌엔	见	见	见		
	❶ 意见 yì jiàn 의견 ❷ 见面 jiàn miàn 만나다 ❸ 见闻 jiàn wén 견문							

사용빈도	한자(번체)	중국어(간체)	병음·읽기	쓰기
341	究 연구할 구	究	jiū / 지어우	究 究 究
	❶ 研究 yán jiū 연구하다　❷ 追究 zhuī jiū 추궁하다　❸ 究竟 jiū jìng 도대체			
342	支 가지 지	支	zhī / 즈	支 支 支
	❶ 支配 zhī pèi 지배하다　❷ 支持 zhī chí 지지하다　❸ 支票 zhī piào 수표			
343	那 어찌 나	那	nà / 나	那 那 那
	❶ 刹那 chà nà 순간　❷ 那个 nà ge 그것, 저것　❸ 桑那浴 sāng nà yù 사우나			
344	查 조사할 사	查	chá / 차	查 查 查
	❶ 查票 chá piào 검표하다　❷ 查询 chá xún 문의하다　❸ 调查员 diào chá yuán 조사원			
345	張 베풀 장	张	zhāng / 쨩	张 张 张
	❶ 夸张 kuā zhāng 과장하다　❷ 主张 zhǔ zhāng 주장　❸ 张罗 zhāng luo 돌보다, 준비하다			
346	精 정할/깨끗할 정	精	jīng / 징	精 精 精
	❶ 精彩 jīng cǎi 훌륭하다　❷ 精确 jīng què 정확하다　❸ 精神 jīng shén 정신			
347	每 매양 매	每	měi / 메이	每 每 每
	❶ 每次 měi cì 매번　❷ 每月 měi yuè 매월　❸ 每年 měi nián 매년			
348	林 수풀 림(임)	林	lín / 린	林 林 林
	❶ 森林 sēn lín 삼림, 숲　❷ 园林 yuán lín 정원　❸ 林业 lín yè 임업			
349	轉 구를 전	转	zhuǎn / 쭈안	转 转 转
	❶ 转变 zhuǎn biàn 바꾸다　❷ 转达 zhuǎn dá 전달하다　❸ 转让 zhuǎn ràng 넘겨주다			
350	劃 그을 획	划	huà / 후아	划 划 划
	❶ 计划 jì huà 계획하다　❷ 规划 guī huà 기획하다　❸ 划算 huá suàn 계산하다			

사용빈도	한자(번체)	중국어(간체)	병음·읽기	쓰기
351	准 준할 준	准	zhǔn / 쭌	准 准 准

❶ 准备 zhǔn bèi 준비하다　❷ 准确 zhǔn què 정확하다　❸ 准时 zhǔn shí 정시에

| 352 | 做 지을 주 | 做 | zuò / 쭈어 | 做 做 做 |

❶ 做主 zuò zhǔ 주인이 되다　❷ 做事 zuò shì 일을 하다　❸ 做媒 zuò méi 중매하다

| 353 | 需 쓰일 수 | 需 | xū / 쉬 | 需 需 需 |

❶ 需要 xū yào 필요하다　❷ 产需 chǎn xū 생산과 수요　❸ 必需品 bì xū pǐn 필수품

| 354 | 傳 전할 전 | 传 | chuán / 추안 | 传 传 传 |

❶ 传说 chuán shuō 전설　❷ 传记 zhuàn jì 전기　❸ 传闻 chuán wén 전해 듣다

| 355 | 爭 다툴 쟁 | 争 | zhēng / 쩡 | 争 争 争 |

❶ 争取 zhēng qǔ 쟁취하다　❷ 争论 zhēng lùn 논쟁하다　❸ 争气 zhēng qì 분발하다

| 356 | 税 세금 세 | 税 | shuì / 슈에이 | 税 税 税 |

❶ 税金 shuì jīn 세금　❷ 逃税 táo shuì 탈세　❸ 所得税 suǒ dé shuì 소득세

| 357 | 构 구부러질 구 | 构 | gòu / 꺼우 | 构 构 构 |

❶ 构成 gòu chéng 구성하다　❷ 构思 gòu sī 구상하다　❸ 构造 gòu zào 구조

| 358 | 具 갖출 구 | 具 | jù / 쥐 | 具 具 具 |

❶ 家具 jiā jù 가구　❷ 工具 gōng jù 공구　❸ 玩具 wán jù 완구, 장난감

| 359 | 百 일백 백 | 百 | bǎi / 바이 | 百 百 百 |

❶ 百万 bǎi wàn 백만　❷ 百姓 bǎi xìng 백성　❸ 百货 bǎi huò 백화

| 360 | 惑 혹시 혹 | 惑 | huò / 후어 | 惑 惑 惑 |

❶ 迷惑 mí huò 미혹되다　❷ 疑惑 yí huò 의심하다　❸ 魅惑 mèi huò 유혹하다

사용빈도	한자(번체)	중국어(간체)	병음·읽기	쓰기
361	才 재주 재	才	cái / 차이	才 才 才
	❶ 天才 tiān cái 천재　❷ 才能 cái néng 재능　❸ 人才 rén cái 인재			
362	積 쌓을 적	积	jī / 지	积 积 积
	❶ 积累 jī lěi 축적되다　❷ 面积 miàn jī 면적　❸ 积蓄 jī xù 저축하다			
363	勢 형세/기세 세	势	shì / 스	势 势 势
	❶ 势力 shì lì 세력　❷ 趋势 qū shì 추세　❸ 优势 yōu shì 우세			
364	擧 들 거	举	jǔ / 쥐	举 举 举
	❶ 选举 xuǎn jǔ 선거　❷ 举手 jǔ shǒu 거수　❸ 举行 jǔ xíng 거행하다			
365	必 반드시 필	必	bì / 삐	必 必 必
	❶ 必胜 bì shèng 필승　❷ 必需 bì xū 필수　❸ 必要 bì yào 필요로 하다			
366	型 모형 형	型	xíng / 씽	型 型 型
	❶ 大型 dà xíng 대형의　❷ 模型 mó xíng 모형　❸ 型号 xíng hào 사이즈			
367	易 바꿀 역	易	yì / 이	易 易 易
	❶ 贸易 mào yì 무역　❷ 轻易 qīng yì 경솔하다　❸ 容易 róng yì 용이하다			
368	視 볼 시	视	shì / 스	视 视 视
	❶ 远视 yuǎn shì 원시　❷ 视觉 shì jué 시각　❸ 重视 zhòng shì 중요시하다			
369	快 쾌할 쾌	快	kuài / 콰이	快 快 快
	❶ 快速 kuài sù 쾌속　❷ 快乐 kuài lè 기쁘다　❸ 痛快 tòng kuài 통쾌하다			
370	李 오얏 리(이)	李	lǐ / 리	李 李 李
	❶ 李子 lǐ zi 오얏나무　❷ 李白 Lǐ Bái 이백　❸ 行李箱 xíng li xiāng 트렁크			

사용빈도	한자(번체)	중국어(간체)	병음·읽기	쓰기				
371	參 참여할 참	参	cān 찬	参	参	参		
	❶ 参加 cān jiā 참가하다　❷ 参与 cān yǔ 참여하다　❸ 参赛 cān sài 시합에 참가하다							
372	回 돌아올 회	回	huí 후에이	回	回	回		
	❶ 回家 huí jiā 집에 돌아가다　❷ 回忆 huí yì 추억하다　❸ 回报 huí bào 보답하다							
373	引 끌 인	引	yǐn 인	引	引	引		
	❶ 引起 yǐn qǐ 야기시키다　❷ 引擎 yǐn qíng 엔진　❸ 引导 yǐn dǎo 인도하다							
374	鎭 진압할 진	镇	zhèn 쩐	镇	镇	镇		
	❶ 镇定 zhèn dìng 침착하다　❷ 城镇 chéng zhèn 도시와 읍　❸ 镇静剂 zhèn jìng jì 진정제							
375	首 머리 수	首	shǒu 셔우	首	首	首		
	❶ 首尔 shǒu ěr 서울　❷ 首饰 shǒu shì 머리 장식품　❸ 首要 shǒu yào 가장 중요하다							
376	推 밀 추	推	tuī 투에이	推	推	推		
	❶ 推度 tuī duó 추측하다　❷ 推辞 tuī cí 거절하다　❸ 推广 tuī guǎng 널리 보급하다							
377	思 생각 사	思	sī 쓰	思	思	思		
	❶ 思想 sī xiǎng 사상　❷ 思念 sī niàn 그리워하다　❸ 反思 fǎn sī 반성							
378	完 완전할 완	完	wán 완	完	完	完		
	❶ 完成 wán chéng 완성하다　❷ 完全 wán quán 완전히　❸ 完美 wán měi 완벽하다							
379	消 사라질 소	消	xiāo 시아오	消	消	消		
	❶ 消失 xiāo shī 사라지다　❷ 消灭 xiāo miè 소멸하다　❸ 消化 xiāo huà 소화시키다							
380	値 값 치	值	zhí 즈	值	值	值		
	❶ 价值 jià zhí 가치　❷ 产值 chǎn zhí 생산액　❸ 币值 bì zhí 화폐 가치							

사용빈도	한자(번체)	중국어(간체)	병음·읽기	쓰기		
381	該 갖출/마땅 해	该	gāi 가이	该	该	该
	❶ 应该 yīng gāi …해야 한다　❷ 该欠 gāi qiàn 부채, 빚지다　❸ 该博 gāi bó 해박하다					
382	走 달릴 주	走	zǒu 저우	走	走	走
	❶ 走路 zǒu lù 길을 걷다　❷ 走廊 zǒu láng 복도　❸ 走私 zǒu sī 밀수하다					
383	裝 꾸밀 장	装	zhuāng 쭈앙	装	装	装
	❶ 裝饰 zhuāng shì 장식하다　❷ 安裝 ān zhuāng 설치하다　❸ 童裝 tóng zhuāng 아동복					
384	衆 무리 중	众	zhòng 쭝	众	众	众
	❶ 大众 dà zhòng 대중　❷ 群众 qún zhòng 군중　❸ 观众 guān zhòng 관중					
385	責 책임 책	责	zé 쯔어	责	责	责
	❶ 职责 zhí zé 직책　❷ 责任 zé rèn 책임　❸ 指责 zhǐ zé 질책하다					
386	備 갖출 비	备	bèi 뻬이	备	备	备
	❶ 准备 zhǔn bèi 준비하다　❷ 设备 shè bèi 설비　❸ 装备 zhuāng bèi 장비					
387	州 고을 주	州	zhōu 쩌우	州	州	州
	❶ 福州 Fú zhōu 푸저우(복주)　❷ 杭州 Háng zhōu 항저우(항주)　❸ 广州 Guǎng zhōu 광저우(광주)					
388	供 이바지할 공	供	gōng 꿍	供	供	供
	❶ 提供 tí gōng 제공하다　❷ 供给 gōng jǐ 공급하다　❸ 自供 zì gòng 자백하다					
389	包 쌀 포	包	bāo 빠오	包	包	包
	❶ 包子 bāo zi 찐빵　❷ 包装 bāo zhuāng 포장하다　❸ 包容 bāo róng 포용하다					
390	副 버금 부	副	fù 푸	副	副	副
	❶ 副本 fù běn 복사본　❷ 副手 fù shǒu 보조원　❸ 副业 fù yè 부업					

사용빈도	한자(번체)	중국어(간체)	병음·읽기	쓰기			
391	極 극진할 극	极	jí / 지	极	极	极	
	❶ 极端 jí duān 극단적　❷ 极度 jí dù 극도　❸ 积极 jī jí 적극적						
392	整 가지런할 정	整	zhěng / 쩡	整	整	整	
	❶ 整理 zhěng lǐ 정리하다　❷ 整体 zhěng tǐ 전체　❸ 整备 zhěng bèi 정비하다						
393	確 굳을/확실할 확	确	què / 취에	确	确	确	
	❶ 确实 què shí 확실하다　❷ 正确 zhèng què 정확하다　❸ 的确 dí què 확실히						
394	知 알 지	知	zhī / 즈	知	知	知	
	❶ 知道 zhī dào 알다　❷ 通知 tōng zhī 통지하다　❸ 须知 xū zhī 주의사항						
395	貿 무역할/바꿀 무	贸	mào / 마오	贸	贸	贸	
	❶ 贸易 mào yì 무역　❷ 贸然 mào rán 성급하게　❸ 贸易战 mào yì zhàn 무역 전쟁						
396	己 몸 기	己	jǐ / 지	己	己	己	
	❶ 自己 zì jǐ 자기, 자신　❷ 克己 kè jǐ 자제하다　❸ 己见 jǐ jiàn 자기 견해						
397	環 고리 환	环	huán / 후안	环	环	环	
	❶ 环境 huán jìng 환경　❷ 耳环 ěr huán 귀고리　❸ 循环 xún huán 순환하다						
398	話 말씀/말할 화	话	huà / 후아	话	话	话	
	❶ 说话 shuō huà 말하다　❷ 对话 duì huà 대화하다　❸ 笑话 xiào huà 우스운 이야기						
399	反 돌이킬 반	反	fǎn / 판	反	反	反	
	❶ 反对 fǎn duì 반대하다　❷ 相反 xiāng fǎn 거꾸로　❸ 反省 fǎn xǐng 반성하다						
400	身 몸 신	身	shēn / 션	身	身	身	
	❶ 身体 shēn tǐ 신체　❷ 身材 shēn cái 몸매　❸ 身份 shēn fèn 신분						

사용빈도	한자(번체)	중국어(간체)	병음 · 읽기	쓰기		
401	選 가릴 선	选	xuǎn / 쉬엔	选	选	选
	❶ 选择 xuǎn zé 선택하다 ❷ 选手 xuǎn shǒu 선수 ❸ 候选人 hòu xuǎn rén 후보자					
402	亞 버금 아	亚	yà / 야	亚	亚	亚
	❶ 亚洲 Yà zhōu 아시아주 ❷ 亚军 yà jūn 준우승 ❸ 亚于 yà yú …만 못하다					
403	麼 잘 마	麽	mó / 모어	麽	麽	麽
	❶ 幺麽 yāo mó 미세하다, 소인배 ❷ 幺麽小丑 yāo mó xiǎo chǒu 형편없이 나쁜 놈					
404	帶 띠 대	带	dài / 따이	带	带	带
	❶ 带领 dài lǐng 이끌다 ❷ 携带 xié dài 휴대하다 ❸ 领带 lǐng dài 넥타이					
405	采 풍채/캘 채	采	cǎi / 차이	采	采	采
	❶ 采访 cǎi fǎng 인터뷰하다 ❷ 采购 cǎi gòu 구입하다 ❸ 开采 kāi cǎi 개발하다					
406	王 임금 왕	王	wáng / 왕	王	王	王
	❶ 王子 wáng zǐ 왕자 ❷ 王妃 wáng fēi 왕비 ❸ 王宫 wáng gōng 왕궁					
407	策 꾀 책	策	cè / 츠어	策	策	策
	❶ 策划 cè huà 기획하다 ❷ 对策 duì cè 대책 ❸ 失策 shī cè 실책하다					
408	眞 참 진	真	zhēn / 쩐	真	真	真
	❶ 真相 zhēn xiàng 진상 ❷ 真实 zhēn shí 진실되다 ❸ 真心 zhēn xīn 진심					
409	女 계집 녀(여)	女	nǚ / 뉘	女	女	女
	❶ 女儿 nǚ ér 딸 ❷ 女人 nǚ rén 여인 ❸ 女性 nǚ xìng 여성					
410	談 말씀 담	谈	tán / 탄	谈	谈	谈
	❶ 谈判 tán pàn 회담하다 ❷ 谈话 tán huà 담화 ❸ 会谈 huì tán 회담					

사용빈도	한자(번체)	중국어(간체)	병음·읽기	쓰기
411	嚴 엄할 엄	严	yán 이엔	严 严 严
	❶ 严格 yán gé 엄격하다 ❷ 严厉 yán lì 준엄하다 ❸ 严肃 yán sù 엄숙하다			
412	斯 이 사	斯	sī 쓰	斯 斯 斯
	❶ 斯文 sī wen 우아하다 ❷ 瓦斯 wǎ sī 가스 ❸ 斯人 sī rén 이 사람			
413	況 상황 황	况	kuàng 쿠앙	况 况 况
	❶ 状况 zhuàng kuàng 상황, 상태 ❷ 何况 hé kuàng 하물며 ❸ 实况 shí kuàng 실제 상황			
414	色 빛 색	色	sè 쓰어	色 色 色
	❶ 颜色 yán sè 색깔 ❷ 红色 hóng sè 빨강 ❸ 色盲 sè máng 색맹			
415	打 칠 타	打	dǎ 다	打 打 打
	❶ 打架 dǎ jià 싸우다 ❷ 打电话 dǎ diàn huà 전화하다 ❸ 打球 dǎ qiú 공놀이 하다			
416	德 큰 덕	德	dé 드어	德 德 德
	❶ 恩德 ēn dé 은혜 ❷ 道德 dào dé 도덕 ❸ 公德 gōng dé 공중도덕			
417	告 고할/알릴 고	告	gào 까오	告 告 告
	❶ 告诉 gào su 알리다 ❷ 告白 gào bái 고백하다 ❸ 告别 gào bié 고별하다			
418	僅 겨우 근	仅	jǐn 찐	仅 仅 仅
	❶ 仅仅 jǐn jǐn 단지, 겨우 ❷ 不仅 bù jǐn …뿐만 아니라 ❸ 仅限地 jǐn xiàn de 특히			
419	它 다를 타	它	tā 타	它 它 它
	❶ 其它 qí tā 기타, 그 외에 ❷ 它们 tā men 그것들 ❸ 不管它 bù guǎn tā 어쨌든			
420	氣 기운 기	气	qì 치	气 气 气
	❶ 天气 tiān qì 날씨 ❷ 生气 shēng qì 화내다 ❸ 气喘 qì chuǎn 숨이 차다			

사용빈도	한자(번체)	중국어(간체)	병음·읽기	쓰기
421	料 헤아릴 료(요)	料	liào 리아오	料 料 料
	❶ 肥料 féi liào 비료　❷ 原料 yuán liào 원료　❸ 材料 cái liào 재료			
422	神 귀신 신	神	shén 션	神 神 神
	❶ 神仙 shén xiān 신선　❷ 神话 shén huà 신화　❸ 神秘 shén mì 신비롭다			
423	率 비율 률(율)	率	lǜ 뤼	率 率 率
	❶ 效率 xiào lǜ 능률　❷ 汇率 huì lǜ 환율　❸ 利率 lì lǜ 이율			
424	識 알 식	识	shí 스	识 识 识
	❶ 认识 rèn shi 알다　❷ 知识 zhī shi 지식　❸ 常识 cháng shí 상식			
425	勞 일할/수고로울 로(노)	劳	láo 라오	劳 劳 劳
	❶ 疲劳 pí láo 피로하다　❷ 劳动 láo dòng 노동　❸ 功劳 gōng láo 공로			
426	境 지경 경	境	jìng 찡	境 境 境
	❶ 境界 jìng jiè 경계　❷ 出境 chū jìng 출국하다　❸ 入境 rù jìng 입국하다			
427	源 근원 원	源	yuán 위엔	源 源 源
	❶ 资源 zī yuán 자원　❷ 根源 gēn yuán 근원　❸ 电源 diàn yuán (전기)전원			
428	青 푸를 청	青	qīng 칭	青 青 青
	❶ 青岛 qīng dǎo 청도　❷ 青年 qīng nián 청년　❸ 青春 qīng chūn 청춘			
429	護 도울/보호할 호	护	hù 후	护 护 护
	❶ 护照 hù zhào 여권　❷ 护士 hù shi 간호사　❸ 保护 bǎo hù 보호하다			
430	列 벌릴 렬(열)	列	liè 리에	列 列 列
	❶ 列车 liè chē 열차　❷ 陈列 chén liè 진열하다　❸ 系列 xì liè 계열			

사용빈도	한자(번체)	중국어(간체)	병음·읽기	쓰기
431	興 흥할 흥	兴	xīng/xìng / 씽	兴 兴 兴
	❶ 高兴 gāo xìng 기쁘다 ❷ 兴奋 xīng fèn 흥분하다 ❸ 兴趣 xìng qù 흥미			
432	許 허락할 허	许	xǔ / 쉬	许 许 许
	❶ 许可 xǔ kě 허가 ❷ 许愿 xǔ yuàn 소원을 빌다 ❸ 特许 tè xǔ 특별히 허락하다			
433	戶 집 호	户	hù / 후	户 户 户
	❶ 户口 hù kǒu 호구 ❷ 户头 hù tóu 계좌 ❸ 储户 chǔ hù 예금자			
434	馬 말 마	马	mǎ / 마	马 马 马
	❶ 马上 mǎ shàng 바로 ❷ 马虎 mǎ hu 대충하다 ❸ 跑马 pǎo mǎ 경마하다			
435	港 항구 항	港	gǎng / 깡	港 港 港
	❶ 港口 gǎng kǒu 항구 ❷ 入港 rù gǎng 입항하다 ❸ 港币 Gǎng bì 홍콩 달러			
436	則 법칙 칙	则	zé / 쯔어	则 则 则
	❶ 法则 fǎ zé 법칙 ❷ 规则 guī zé 규칙 ❸ 原则 yuán zé 원칙			
437	節 마디 절	节	jié / 지에	节 节 节
	❶ 节日 jié rì 기념일 ❷ 季节 jì jié 계절 ❸ 节气 jié qì 절기			
438	款 항목 관	款	kuǎn / 쿠안	款 款 款
	❶ 贷款 dài kuǎn 대출하다 ❷ 款项 kuǎn xiàng 비용, 경비 ❸ 汇款 huì kuǎn 돈을 부치다			
439	拉 끌 랍(납)	拉	lā / 라	拉 拉 拉
	❶ 拉扯 lā che 끌다, 당기다 ❷ 拉手 lā shǒu 손잡이 ❸ 拉拉队 lā lā duì 응원단			
440	直 곧을 직	直	zhí / 즈	直 直 直
	❶ 直线 zhí xiàn 직선 ❷ 直接 zhí jiē 직접적 ❸ 直播 zhí bō 생중계하다			

사용빈도	한자(번체)	중국어(간체)	병음·읽기	쓰기			
441	案 책상 안	案	àn / 안	案	案	案	
	❶ 答案 dá àn 답안　❷ 方案 fāng àn 방안　❸ 案件 àn jiàn 안건						
442	股 넓적다리 고	股	gǔ / 꾸	股	股	股	
	❶ 股票 gǔ piào 주식, 증권　❷ 股市 gǔ shì 주식 시장　❸ 股价 gǔ jià 주가(株價)						
443	光 빛 광	光	guāng / 꾸앙	光	光	光	
	❶ 阳光 yáng guāng 햇빛　❷ 光线 guāng xiàn 광선　❸ 光景 guāng jǐng 경치						
444	較 견줄/비교할 교	较	jiào / 찌아오	较	较	较	
	❶ 比较 bǐ jiào 비교하다　❷ 较量 jiào liàng 대결하다　❸ 日较差 rì jiào chā 일교차						
445	河 물 하	河	hé / 흐어	河	河	河	
	❶ 银河 yín hé 은하수　❷ 河流 hé liú 강　❸ 河川 hé chuān 하천						
446	花 꽃 화	花	huā / 후아	花	花	花	
	❶ 花生 huā shēng 땅콩　❷ 棉花 mián huā 목화솜　❸ 开花 kāi huā 꽃이 피다						
447	根 뿌리 근	根	gēn / 껀	根	根	根	
	❶ 树根 shù gēn 나무 줄기　❷ 根本 gēn běn 근본　❸ 根据 gēn jù 근거						
448	布 베 포	布	bù / 뿌	布	布	布	
	❶ 布料 bù liào 옷감　❷ 分布 fēn bù 분포하다　❸ 公布 gōng bù 공포하다						
449	線 줄 선	线	xiàn / 시엔	线	线	线	
	❶ 视线 shì xiàn 시선　❷ 线索 xiàn suǒ 단서　❸ 直线 zhí xiàn 직선						
450	土 흙 토	土	tǔ / 투	土	土	土	
	❶ 土地 tǔ dì 토지　❷ 土匪 tǔ fěi 토적대　❸ 土壤 tǔ rǎng 토양, 흙						

사용빈도	한자(번체)	중국어(간체)	병음·읽기	쓰기		
451	克 이길 극	克	kè / 크어	克	克	克

❶ 克服 kè fú 극복하다　❷ 克制 kè zhì 자제하다　❸ 巧克力 qiǎo kè lì 초콜릿

452	再 두 번/두 재	再	zài / 짜이	再	再	再

❶ 再见 zài jiàn 또 뵙겠습니다　❷ 一再 yí zài 거듭　❸ 再会 zài huì 재회

453	群 무리 군	群	qún / 췬	群	群	群

❶ 群众 qún zhòng 대중, 군중　❷ 群体 qún tǐ 단체　❸ 超群 chāo qún 뛰어나다

454	醫 의원 의	医	yī / 이	医	医	医

❶ 医生 yī shēng 의사　❷ 医院 yī yuàn 병원　❸ 医学 yī xué 의학

455	淸 맑을 청	清	qīng / 칭	清	清	清

❶ 清白 qīng bái 결백하다　❷ 清楚 qīng chǔ 명백하다　❸ 清淡 qīng dàn 담백하다

456	速 빠를 속	速	sù / 쑤	速	速	速

❶ 迅速 xùn sù 신속하다　❷ 快速 kuài sù 쾌속하다　❸ 高速 gāo sù 고속

457	律 법 률(율)	律	lǜ / 뤼	律	律	律

❶ 律师 lǜ shī 변호사　❷ 法律 fǎ lǜ 법률　❸ 规律 guī lǜ 규율

458	她 아가씨 저	她	tā / 타	她	她	她

❶ 她们 tā men 그녀들　❷ 理她呢 lǐ tā ne 신경 쓰지 마!　❸ 她本人 tā běn rén 그녀 본인

459	族 겨레 족	族	zú / 주	族	族	族

❶ 民族 mín zú 민족　❷ 种族 zhǒng zú 종족　❸ 贵族 guì zú 귀족

460	歷 지낼 력(역)	历	lì / 리	历	历	历

❶ 历史 lì shǐ 역사　❷ 学历 xué lì 학력　❸ 简历 jiǎn lì 약력

사용빈도	한자(번체)	중국어(간체)	병음·읽기	쓰기
461	非 아닐 비	非	fēi / 페이	非 非 非
	❶ 非常 fēi cháng 비상　❷ 除非 chú fēi 비로소　❸ 是非 shì fēi 시비			
462	感 느낄 감	感	gǎn / 간	感 感 感
	❶ 感冒 gǎn mào 감기　❷ 感动 gǎn dòng 감동　❸ 感觉 gǎn jué 감각			
463	占 점령할/점칠 점	占	zhàn/zhān / 짠	占 占 占
	❶ 占线 zhàn xiàn 통화 중이다　❷ 占有 zhàn yǒu 점유하다　❸ 独占 dú zhàn 독점하다			
464	續 이을 속	续	xù / 쉬	续 续 续
	❶ 连续剧 lián xù jù 드라마　❷ 持续 chí xù 지속적　❸ 继续 jì xù 계속하다			
465	師 스승 사	师	shī / 스	师 师 师
	❶ 老师 lǎo shī 선생님　❷ 师傅 shī fù 스승님　❸ 工程师 gōng chéng shī 엔지니어			
466	何 어찌 하	何	hé / 흐어	何 何 何
	❶ 任何 rèn hé 어떠한　❷ 如何 rú hé 어떠한가　❸ 何必 hé bì 구태여			
467	影 그림자 영	影	yīng / 잉	影 影 影
	❶ 电影 diàn yǐng 영화　❷ 摄影 shè yǐng 사진을 찍다　❸ 影星 yǐng xīng 영화 배우			
468	功 공 공	功	gōng / 꿍	功 功 功
	❶ 功课 gōng kè 숙제　❷ 成功 chéng gōng 성공　❸ 用功 yòng gōng 공부를 열심히 하다			
469	負 짐질 부	负	fù / 푸	负 负 负
	❶ 负担 fù dān 부담, 책임　❷ 胜负 shèng fù 승부　❸ 负债 fù zhài 빚을 지다			
470	驗 시험할 험	验	yàn / 이엔	验 验 验
	❶ 经验 jīng yàn 경험　❷ 验证 yàn zhèng 검증하다　❸ 实验室 shí yàn shì 실험실			

사용빈도	한자(번체)	중국어(간체)	병음·읽기	쓰기			
471	望 바랄 망	望	wàng / 왕	望	望	望	
	❶ 希望 xī wàng 희망 ❷ 失望 shī wàng 실망하다 ❸ 观望 guān wàng 관망하다						
472	財 재물 재	财	cái / 차이	财	财	财	
	❶ 发财 fā cái 부자가 되다 ❷ 财务 cái wù 재무 ❸ 财政 cái zhèng 재정						
473	類 무리 류(유)	类	lèi / 레이	类	类	类	
	❶ 种类 zhǒng lèi 종류 ❷ 分类 fēn lèi 분류하다 ❸ 类同 lèi tóng 닮다						
474	貨 재화 화	货	huò / 후어	货	货	货	
	❶ 货物 huò wù 화물 ❷ 货币 huò bì 화폐 ❸ 好货 hǎo huò 좋은 물건						
475	約 맺을/약속할 약	约	yuē / 위에	约	约	约	
	❶ 约束 yuē shù 구속하다 ❷ 约会 yuē huì 데이트 ❸ 节约 jié yuē 절약하다						
476	藝 재주 예	艺	yì / 이	艺	艺	艺	
	❶ 艺术 yì shù 예술 ❷ 工艺品 gōng yì pǐn 공예품 ❸ 手艺 shǒu yì 솜씨						
477	售 팔 수	售	shòu / 셔우	售	售	售	
	❶ 销售 xiāo shòu 판매하다 ❷ 零售 líng shòu 소매하다 ❸ 售价 shòu jià 판매가						
478	連 이을 련(연)	连	lián / 리엔	连	连	连	
	❶ 连续 lián xù 연속 ❷ 接连 jiē lián 연이어 ❸ 连锁店 lián suǒ diàn 체인점						
479	紀 벼리 기	纪	jì / 찌	纪	纪	纪	
	❶ 纪念 jì niàn 기념하다 ❷ 年纪 nián jì 나이 ❸ 经纪人 jīng jì rén 중개인						
480	按 누를 안	按	àn / 안	按	按	按	
	❶ 按摩 àn mó 안마하다 ❷ 按钮 àn niǔ 스위치 ❸ 按期 àn qī 기한 내에						

사용빈도	한자(번체)	중국어(간체)	병음·읽기	쓰기
481	訊 물을 신	讯	xùn / 쉰	讯 讯 讯

❶ 通讯 tōng xùn 통신하다 ❷ 问讯 wèn xùn 문의하다 ❸ 通讯员 tōng xùn yuán 통신원

| 482 | 史
사기/역사 사 | 史 | shǐ / 스 | 史 史 史 |

❶ 近代史 jìn dài shǐ 근대사 ❷ 史记 shǐ jì 사기 ❸ 女史 nǚ shǐ 여사

| 483 | 示
보일 시 | 示 | shì / 스 | 示 示 示 |

❶ 表示 biǎo shì (뜻)나타내다 ❷ 标示 biāo shì 표시하다 ❸ 警示 jǐng shì 경고하다

| 484 | 象
코끼리 상 | 象 | xiàng / 시앙 | 象 象 象 |

❶ 印象 yìn xiàng 인상 ❷ 想象 xiǎng xiàng 상상하다 ❸ 迹象 jì xiàng 흔적, 자취

| 485 | 養
기를 양 | 养 | yǎng / 양 | 养 养 养 |

❶ 营养 yíng yǎng 영양 ❷ 保养 bǎo yǎng 관리하다 ❸ 培养 péi yǎng 양성하다

| 486 | 獲
얻을 획 | 获 | huò / 후어 | 获 获 获 |

❶ 获得 huò dé 획득하다 ❷ 捕获 bǔ huò 체포하다 ❸ 获救 huò jiù 구조되다

| 487 | 石
돌 석 | 石 | shí / 스 | 石 石 石 |

❶ 石头 shí tóu 돌 ❷ 岩石 yán shí 바위 ❸ 钻石 zuàn shí 다이아몬드

| 488 | 食
밥 식 | 食 | shí / 스 | 食 食 食 |

❶ 食物 shí wù 음식 ❷ 粮食 liáng shí 양식 ❸ 零食 líng shí 간식

| 489 | 抓
할킬 조 | 抓 | zhuā / 쭈아 | 抓 抓 抓 |

❶ 抓紧 zhuā jǐn 꽉 쥐다 ❷ 抓人 zhuā rén 사람을 붙잡다 ❸ 抓获 zhuā huò 붙잡다

| 490 | 富
부유할/부자 부 | 富 | fù / 푸 | 富 富 富 |

❶ 富裕 fù yù 부유하다 ❷ 财富 cái fù 부, 재산 ❸ 暴发户 bào fā hù 벼락부자

사용빈도	한자(번체)	중국어(간체)	병음·읽기	쓰기				
491	模 본뜰/본 모	模	mó / 모어	模	模	模		
	❶ 模糊 mó hu 모호하다　❷ 规模 guī mó 규모, 범위　❸ 模型 mó xíng 모형
492	始 비로소/처음 시	始	shǐ / 스	始	始	始		
	❶ 原始 yuán shǐ 원시　❷ 始祖 shǐ zǔ 시조　❸ 开始 kāi shǐ 시작하다
493	住 살 주	住	zhù / 쭈	住	住	住		
	❶ 主见 zhǔ jiàn 주장　❷ 主人 zhǔ rén 주인　❸ 主意 zhǔ yi 아이디어
494	賽 굿할 새	赛	sài / 싸이	赛	赛	赛		
	❶ 比赛 bǐ sài 시합하다　❷ 赛场 sài chǎng 경기장　❸ 预赛 yù sài 예선 경기
495	客 손 객	客	kè / 크어	客	客	客		
	❶ 客人 kè rén 손님　❷ 顾客 gù kè 고객　❸ 客舍 kè shè 여관
496	越 넘을 월	越	yuè / 위에	越	越	越		
	❶ 超越 chāo yuè 넘다　❷ 优越 yōu yuè 우월하다　❸ 越发 yuè fā 더욱더
497	聞 들을 문	闻	wén / 원	闻	闻	闻		
	❶ 新闻 xīn wén 뉴스　❷ 见闻 jiàn wén 견문　❸ 风闻 fēng wén 풍문
498	央 가운데 앙	央	yāng / 양	央	央	央		
	❶ 中央 zhōng yāng 중앙　❷ 央求 yāng qiú 간절히 요구하다　❸ 央行 yāng háng 중앙은행의 약칭
499	席 자리 석	席	xí / 시	席	席	席		
	❶ 首席 shǒu xí 수석　❷ 出席 chū xí 출석　❸ 主席 zhǔ xí 주석
500	堅 굳을 견	坚	jiān / 지엔	坚	坚	坚		
	❶ 坚持 jiān chí 굳건히 지키다　❷ 坚强 jiān qiáng 굳세다　❸ 坚信 jiān xìn 굳게 믿다

04
부록

· 간화의 방법 ·
· 간화자(간체자)의 획수 색인표 ·
· 중·고등 교육용 한자 1,800字 中 간화자 비교(변형자 636字-) ·

4장
부록

- **간화의 방법**

  현재 중국(中國)에서 쓰고 있는 간화자(簡化字)를 분류하여 보면 옛부터 사용하여 온 약자(略字)와 동음자(同音字), 신조자(新造字)로 구별된다. 1956년에 발표한 간화자(簡化字) 총 515개 字 中 324자(63%)가 이미 옛부터 사용되어 온 약자(略字)이다.

- **중국 간화자의 획수 색인표**

  漢字(한자)를 잘 알고 있는 사람도 中國(중국)에 가면 당황하기 마련이다. 그것은 中國(중국)은 우리와는 달리 簡化字(簡體字)를 사용하고 있기 때문이다.
  市中(시중)에 많은 簡化字(간화자) 敎材(교재)가 나와 있으나 簡化字(간화자)를 읽을 수 없기 때문에 가나다順으로 이루어진 資料(자료)는 無用之物(무용지물)이 될 수 밖에 없다.
  이러한 분들을 위하여 簡化字(간화자)를 劃數(획수)로 배열하여 도움을 주고자 한다.

- **중 · 고등 교육용 한자 1,800자 中 간화자 비교(변형자 636자)**

  우리나라 교육용(敎育用) 한자(漢字) 1,800자를 간화자(簡化字)와 비교하여 보면, 636자가 다른 형태로 되어 있고, 그 중 자형(字形)이 비슷하여 식별(識別)이 가능한 것은 426자, 한국인(韓國人)으로서 식별(識別)하기 어려운 것은 210자이다.

01 간화(簡化)의 방법(方法)

현재 중국(中國)에서 쓰고 있는 간화자(簡化字)를 분류하여 보면 옛부터 사용하여 온 약자(略字)와 동음자(同音字), 신조자(新造字)로 구별된다. 1956년에 발표한 간화자(簡化字) 총 515개 字 中 324字(63%)가 이미 옛부터 사용되어 온 약자(略字)이다.
*참고: (周有光: 新語文的建設) (한글+漢字문화)

1. 재래(在來) 약자(略字)

(1) 고체자(古體字)
 ① 고본자(古本字) : 의음화(義音(形聲)化) 이전의 원자(原字)를 그대로 쓴 것
  예 : 云(雲), 电(電), 众(衆), 从(從), 胡鬚(鬍鬚)
 ② 고동자(古同字) : 옛날에 이체자(異體字)로서 같이 쓰인 것
  예 : 礼(禮), 尔(爾), 万(萬), 无(無)
 ③ 고통용자(古通用字) : 본래 다른 글자이나 통용되었던 것
  예 : 后(後), 才(纔)

(2) 속자(俗字) : 예로부터 일반에서 널리 쓰여 온 약자(略字)를 그대로 취한 것
 예 : 体(體), 声(聲), 国(國), 双(雙), 会(會), 区(區), 独(獨), 战(戰) 旧(舊), 厅(廳), 铁(鐵), 阳(陽), 阴(陰)

(3) 초서자(草書字) : 초서체(草書體)를 해서화(楷書化)한 것
 예 : 书(書), 为(爲), 东(東), 时(時), 长(長), 车(車), 门(門), 发(發)

2. 동음이자(同音異字)

(1) 이체자(異體字) : 자의(字義)와 자음(字音)이 같지만 자형(字形)이 다른 字는 소획자(少畫字)를 취한 것
 예 : 朴(樸), 荐(薦), 仿(髣), 晒(曬)

(2) 동음가차자(同音假借字) : 소획(少畫)의 동음가차자(同音假借字)를 취한 것
 예 : 斗(鬪), 太(泰), 元(圓), 了(瞭), 范(範)

(3) 동음이자(同音異字) : 자음(字音)은 같으나, 자의(字義)는 전연 다른 字를 쓴 것
 예 : 表(錶), 旦(蛋), 姜(薑), 卜(蔔), 干(乾, 幹), 面(麵), 松(鬆), 里(裏), 向(嚮), 丁(盯, 叮, 釘, 靪)

간화(簡化)의 방법(方法)

3. 신조자(新造字)
(1) 생획자(省畫字) : 정자체(正字體)에서 자획(字畫)을 생략(省略)한 것
　① 일변(一邊)의 생략(省略)
　　예 : 录(錄), 亲(親), 号(號), 夏(復, 複) 务(務), 丽(麗), 夸(誇)
　② 양변(兩邊)의 생략(省略)
　　예 : 术(術), 关(關), 复(覆)
　③ 일각(一角)의 생략(省略)
　　예 : 际(際), 阳(陽), 垦(墾)
　④ 내외(內外)의 생략(省略)
　　예 : 开(開), 奋(奮), 灭(滅), 疟(瘧), 宁(寧), 广(廣)
　⑤ 기타(其他)
　　예 : 丰(豐), 汇(匯), 卤(鹵), 业(業), 飞(飛)

(2) 개형자(改形字) : 정체자(正體字)의 자획(字畫)을 개형(改形)한 것
　① 형성식(形聲式) 조자법(造字法)에 의하여 고친 것
　　예 : 刮(颳), 腭(顎)<形旁을 바꾼 것>
　　　　 洁(潔), 痒(癢), 虾(蝦)<聲旁을 바꾼 것>
　　　　 惊(驚), 响(響)<形, 聲旁을 바꾼 것>
　② 회의식(會意式) 조자법(造字法)에 의하여 고친 것
　　예 : 灶(竈), 尘(塵), 队(隊), 笔(筆)
　③ 자형(字形)의 윤곽(輪廓)을 취한 것
　　예 : 齐(齊), 乔(喬), 庆(慶), 变(變), 团(團)

(3) 표음자(表音字) : 현대(現代) 백화음(白話音)에 의하여 자형(字形)을 고친 것
　예 : 华(華), 宪(憲), 毕(畢), 垩(堊) 丛(叢)
　※ 표음자(表音字) 중에는 입성음(入聲音)이 탈락된 상태의 현대 中國 한자음(漢字音)이나, 구개음화(口蓋音化)된 자음(字音)으로 조자(造字)하였기 때문에 한국(韓國)이나 일본(日本)에서는 이해하기 어렵다. 예(例)를 들면
　　迟(遲), 态(態), 选(選), 适(適), 迁(遷), 达(達)1), 宾(賓), 历(曆, 歷)

---

1) '達(달)'을 '达'로 造字한 것은 '達'이 '따'로 발음되기 때문에 '达(따)'와 同音이 될 수 있고, '憲(헌)'을 '宪'으로 造字한 것은 '憲'이 '션'으로 발음되기 때문에 '宪'과 同音이 될 수 있지만, 韓國人들은 인식하기 어렵다.

艺(藝), 认(認), 纤(纖, 縴), 邮(郵), 审(審), 牺(犧), 胶(膠), 钻(鑽)
积(積), 酿(釀), 补(補), 识(識), 彻(徹), 优(優), 辽(遼), 矶(磯),
极(極), 拟(擬), 块(塊), 阶(階)

(4) 부호(符號) 사용자(使用字) : 자의(字義)나 자음(字音)과는 관계 없는 부호(符號)로써 자획(字畫)을 간화(簡化)한 것
  ① <丶> 예 : 办(辦), 协(協), 苏(蘇)
  ② <乂> 예 : 区(區), 赵(趙), 风(風)
  ③ <又> 예 : 汉(漢), 劝(勸), 仅(僅), 对(對), 戏(戲), 鸡(鷄) 邓(鄧), 树(樹), 又圭(鞋), 凤(鳳)
  ④ <刂> 예 : 师(師), 归(歸), 帅(帥)
  ⑤ <⼩> 예 : 学(學), 誉(譽), 兴(興)
  ⑥ <不> 예 : 还(還), 环(環), 坏(壞), 怀(懷)
  ⑦ <蘭> 예 : 兰(蘭), 栏(欄)

(5) 중첩(重疊) 부호자(符號字) : 같은 자형(字形)이 거듭 쓰일 때 중문부호(重文符號)로써 표기한 것
  ① <冫> 예 : 枣(棗), 搀(攙), 谗(讒)
  ② <又> 예 : 轰(轟), 聂(聶), 摄(攝), 叒(磊)

(6) 기타(其他) : 본래(本來) 자형(字形)과 별관계 없는 부호(符號)로써 간화(簡化)한 것.
  예 : 乂(義)
), 卫(衛), 刍(芻), 头(頭), 圣(聖), 买(買), 帘(簾)

4. 민간 간화자(民間 簡化字)

중국문자개혁위원회(中國文字改革委員會)가 정한 2,253자의 간화자(簡化字) 외에 일반 민간에서 쓰는 간화자(簡化字)가 적지 않게 통용(通用)되고 있다. 그것은 1986년 6월 24일 교육부에서 제2차로 발표한 간화자(簡化字)를 폐지할 것을 공포했으나, 민간(民間)에서는 여전히 쓰고 있는 실정이다.
예 : 灾(家)[2] 丁(街) 歺(餐) 氿(酒) 昮(量) 芼(菜) 尸(展) 苃(藏) 仃(停) 牸(轎) 仝(童) 百(面) 亣
      (南) 彐(雪) 点(点) 辺(道)

---

2) 집(宀)안에 사람(人)이 있어야지, 돼지(豕 : 돼지 시)가 있어서는 집이 될 수 없다는 단순한 생각에서 만들어진 **簡化字**이다.

간화(簡化)의 방법(方法)

5. 합체간자(合體簡字)

합체간자(合體簡字) 곧 대사자(代詞字)는 시안(試案)에 불과하지만, 한자(漢字)의 간화(簡化)가 이런 방향(方向)으로 구상(構想)되고 있음은 간화(簡化)라기 보다는 번화(繁化)라 할 수 있고, 발전(發展)이라기 보다는 기형(畸形)이므로 더 이상 시도(試圖)할 가치가 없다고 생각된다.

예(例)를 들면 다음과 같다.(王鳳陽 : 漢字學에서)
公報 → 馺   反對 → 尀   圖書 → 囶   互助 → 劤   空氣 → 氢
幹部 → 邟   世界 → 芥   南京 → 甭   帝國主義 → 図
性情 → 惰   國民 → 圀   階級 → 阪

02 간체자 획수 색인표

2획

번호	중국(간체)	병음	한자(정자)	훈(뜻) 음(소리)	
1	厂	[chǎng]	廠	공장	창
2	卜	[bo]	蔔	무	복
3	儿	[ér]	兒	아이	아
4	几	[jǐ]	幾	몇	기
5	了	[liǎo]	瞭	밝을	료

3획

번호	중국(간체)	병음	한자(정자)	훈(뜻) 음(소리)	
1	广	[guǎng]	廣	넓을	광
2	门	[mén]	門	문	문
3	义	[yì]	義	옳을	의
4	干	[gān]	乾	하늘/마를	건
5	干	[gàn]	幹	줄기	간
6	亏	[kuī]	虧	이지러질	휴
7	才	[cái]	纔	겨우/재주	재
8	万	[wàn]	萬	일만	만
9	与	[yǔ]	與	줄	여
10	千	[qiān]	韆	그네	천
11	亿	[yì]	億	억	억
12	个	[gè]	個	낱	개
13	么	[me]	麼	잘/작을	마
14	习	[xí]	習	익힐	습
15	卫	[wèi]	衛	지킬	위
16	飞	[fēi]	飛	날	비
17	马	[mǎ]	馬	말	마
18	乡	[xiāng]	鄉	시골	향

4획

번호	중국(간체)	병음	한자(정자)	훈(뜻) 음(소리)	
1	斗	[dòu]	鬪	싸울	투
2	忆	[yì]	憶	생각할	억
3	闩	[shuān]	閂	빗장	산
4	为	[wèi]	爲	할	위
5	计	[jì]	計	셀	계
6	订	[dìng]	訂	고칠	정
7	认	[rèn]	認	알	인
8	讥	[jī]	譏	나무랄	기
9	丰	[fēng]	豊	풍년	풍
10	开	[kāi]	開	열	개
11	无	[wú]	無	없을	무
12	韦	[wéi]	韋	가죽	위
13	云	[yún]	雲	구름	운
14	专	[zhuān]	專	오로지	전
15	艺	[yì]	藝	재주	예
16	厅	[tīng]	廳	관청	청
17	区	[qū]	區	구역	구
18	历	[lì]	歷	지낼	력
19	历	[lì]	曆	책력	력
20	车	[chē]	車	수레	거

간체자 획수 색인표

4획

번호	중국(간체)	병음	한자(정자)	훈(뜻) 음(소리)
21	冈	[gāng]	岡	산등성이 강
22	贝	[bèi]	貝	조개 패
23	见	[jiàn]	見	볼 견
24	气	[qì]	氣	기운 기
25	长	[cháng]	長	긴 장
26	仆	[pú]	僕	종 복
27	仅	[jǐn]	僅	겨우 근
28	币	[bì]	幣	돈/화폐 폐
29	从	[cóng]	從	좇을 종
30	仑	[lún]	侖	둥글/조리 륜
31	仓	[cāng]	倉	창고 창
32	风	[fēng]	風	바람 풍
33	凤	[fèng]	鳳	봉새 봉
34	乌	[wū]	烏	까마귀 오
35	丑	[chǒu]	醜	추할 추
36	队	[duì]	隊	무리 대
37	办	[bàn]	辦	힘쓸 판
38	劝	[quàn]	勸	권할 권
39	双	[shuāng]	雙	쌍 쌍
40	邓	[Dèng]	鄧	나라이름 등
41	书	[shū]	書	글 서

5획

번호	중국(간체)	병음	한자(정자)	훈(뜻) 음(소리)
1	汇	[huì]	匯	물돌 회
2	汇	[huì]	彙	무리 휘
3	汉	[hàn]	漢	한수 한
4	头	[tóu]	頭	머리 두
5	宁	[níng]	寧	편안할 녕
6	邝	[Kuàng]	鄺	성 광
7	冯	[píng]	馮	업신여길 빙
8	闪	[shǎn]	閃	번쩍일 섬
9	兰	[lán]	蘭	난초 란
10	写	[xiě]	寫	베낄 사
11	礼	[lǐ]	禮	예도 례
12	议	[yì]	議	의논 의
13	讦	[jié]	訐	들추어낼 알
14	讨	[tǎo]	討	칠 토
15	讧	[hòng]	訌	어지러울 홍
16	让	[ràng]	讓	사양할 양
17	讯	[xùn]	訊	물을 신
18	讪	[shàn]	訕	헐뜯을 산
19	讫	[qì]	訖	이를 흘
20	训	[xùn]	訓	가르칠 훈
21	记	[jì]	記	기록할 기
22	灭	[miè]	滅	멸할 멸
23	击	[jī]	擊	칠 격
24	戋	[jiān]	戔	적을/해칠 전
25	扑	[pū]	撲	두드릴 박

5 획

26	节	[jié]	節	마디	절
27	术	[shù]	術	꾀	술
28	厉	[lì]	厲	엄할	려
29	龙	[lóng]	龍	용	룡
30	轧	[yà]	軋	삐걱거릴	알
31	东	[dōng]	東	동녘	동
32	卢	[Lú]	盧	성씨	로
33	业	[yè]	業	업	업
34	旧	[jiù]	舊	옛	구
35	帅	[shuài]	帥	장수	수
36	归	[guī]	歸	돌아갈	귀
37	叶	[yè]	葉	잎	엽
38	叽	[jī]	嘰	짹짹거릴	기
39	叹	[tàn]	嘆	탄식할	탄
40	号	[hào]	號	부를	호
41	只	[zhī]	隻	마리	척
42	祇	[qí]	祇	토지신	기
43	电	[diàn]	電	번개	전
44	们	[men]	們	들	문
45	仪	[yí]	儀	거동	의
46	丛	[cóng]	叢	모일	총
47	鸟	[niǎo]	鳥	새	조
48	尔	[ěr]	爾	너	이
49	乐	[lè]	樂	즐거울	락
50	处	[chù]	處	곳	처
51	冬	[dōng]	鼕	북소리	동
52	务	[wù]	務	힘쓸	무
53	饥	[jī]	飢	주릴	기
54	饥	[jī]	饑	주릴	가
55	台	[tái]	臺	집	대
56	台	[tái]	檯	등대	대
57	台	[tái]	颱	태풍	태
58	辽	[liáo]	遼	멀	료
59	边	[biān]	邊	가	변
60	出	[chū]	齣	단락	척
61	发	[fā]	發	필	발
62	发	[fā]	髮	터럭	발
63	圣	[shèng]	聖	성인	성
64	对	[duì]	對	대할	대
65	驭	[yù]	馭	말부릴	어
66	纠	[jiū]	糾	얽힐	규
67	丝	[sī]	絲	실	사

6 획

번호	중국(간체)	병음	한자(정자)	훈(뜻) 음(소리)	
1	汤	[tāng]	湯	끓을	탕
2	兴	[xīng]	興	일	흥
3	产	[chǎn]	産	낳을	산
4	壮	[zhuàng]	壯	장할/씩씩할	장
5	冲	[chōng]	衝	찌를	충
6	妆	[zhuāng]	妝	꾸밀	장

간체자 획수 색인표

6획

7	庄	[zhuāng]	莊	장엄할 장	33	设	[shè]	設	베풀 설
8	庆	[qìng]	慶	경사 경	34	诀	[jué]	訣	이별할 결
9	刘	[Liú]	劉	성 류	35	夹	[jiā]	夾	낄 협
10	齐	[qí]	齊	가지런할 제	36	玑	[jī]	璣	구슬 기
11	忏	[chàn]	懺	뉘우칠 참	37	动	[dòng]	動	움직일 동
12	闭	[bì]	閉	닫을 폐	38	过	[guò]	過	지날 과
13	问	[wèn]	問	물을 문	39	巩	[gǒng]	鞏	굳을 공
14	闯	[chuǎng]	闖	엿볼 틈	40	圹	[kuàng]	壙	벌판 광
15	关	[guān]	關	닫을 관	41	场	[cháng]	場	마당 장
16	灯	[dēng]	燈	등불 등	42	扩	[kuò]	擴	넓힐 확
17	军	[jūn]	軍	군사 군	43	扪	[mén]	捫	어루만질 문
18	农	[nóng]	農	농사 농	44	执	[zhí]	執	잡을 집
19	访	[fǎng]	訪	찾을 방	45	扫	[sǎo]	掃	쓸 소
20	讲	[jiǎng]	講	외울 강	46	扬	[yáng]	揚	날릴 양
21	讳	[huì]	諱	꺼릴 휘	47	亚	[yà]	亞	버금 아
22	讴	[ōu]	謳	노래할 구	48	芗	[xiāng]	薌	곡식냄새 향
23	讵	[jù]	詎	어찌 거	49	朴	[pǔ]	樸	통나무 박
24	讶	[yà]	訝	맞을 아	50	机	[jī]	機	틀 기
25	讷	[nè]	訥	말더듬거릴 눌	51	权	[quán]	權	권세 권
26	许	[xǔ]	許	허락할 허	52	协	[xié]	協	화합할 협
27	讹	[é]	訛	그릇될 와	53	压	[yā]	壓	누를 압
28	欣	[xīn]	訢	기뻐할 흔	54	厌	[yàn]	厭	싫어할 염
29	论	[lùn]	論	논할 론	55	厍	[shè]	厙	성씨 사
30	讻	[xiōng]	訩	떠들썩할 흉	56	页	[yè]	頁	머리 혈
31	讼	[sòng]	訟	소송 송	57	达	[dá]	達	통달할 달
32	讽	[fěng]	諷	욀 풍	58	夸	[kuā]	誇	자랑할 과

6 획

59	夺	[duó]	奪	빼앗을 탈
60	轨	[guǐ]	軌	수레바퀴 궤
61	划	[huà]	劃	그을 획
62	迈	[mài]	邁	갈 매
63	尧	[Yáo]	堯	요임금 요
64	毕	[bì]	畢	마칠 필
65	当	[dàng]	當	마땅 당
66	当	[tāng]	噹	방울 당
67	贞	[zhēn]	貞	곧을 정
68	师	[shī]	師	스승 사
69	尽	[jìn]	盡	다할 진
70	吁	[yù]	籲	부를 유
71	吓	[xià]	嚇	노할 혁
72	吗	[ma]	嗎	의문조사 마
73	虫	[chóng]	蟲	벌레 충
74	曲	[qū]	麯	누룩 국
75	团	[tuán]	團	둥글 단
76	团	[tuán]	糰	경단 단
77	回	[huí]	迴	돌 회
78	屿	[yǔ]	嶼	섬 서
79	岁	[suì]	歲	해 세
80	岂	[qǐ]	豈	어찌 기
81	则	[zé]	則	법칙 칙
82	刚	[gāng]	剛	굳셀 강
83	网	[wǎng]	網	그물 망
84	钆	[gá]	釓	돌쇠뇌 엄니 구
85	钇	[yǐ]	釔	이트륨 을
86	朱	[zhū]	硃	주사(朱砂) 주
87	迁	[qiān]	遷	옮길 천
88	乔	[qiáo]	喬	높을 교
89	伪	[wěi]	僞	거짓 위
90	伟	[wěi]	偉	클 위
91	传	[chuán]	傳	전할 전
92	伛	[yǔ]	傴	구부릴 구
93	优	[yōu]	優	뛰어날 우
94	伤	[shāng]	傷	상할 상
95	伥	[chāng]	倀	창귀(倀鬼) 창
96	价	[jià]	價	값 가
97	伦	[lún]	倫	인륜 륜
98	伧	[cāng]	傖	천할 창
99	华	[huá]	華	빛날 화
100	向	[xiàng]	嚮	향할 향
101	后	[hòu]	後	뒤 후
102	伞	[sǎn]	傘	우산 산
103	会	[huì]	會	모일 회
104	杀	[shā]	殺	죽일 살
105	阁	[gé]	閤	쪽문 합
106	众	[zhòng]	衆	무리 중
107	爷	[yé]	爺	아비 야
108	创	[chuàng]	創	비롯할 창
109	凫	[fú]	鳧	오리 부
110	杂	[zá]	雜	섞일 잡

간체자 획수 색인표

6획

번호	중국(간체)	병음	한자(정자)	훈(뜻) 음(소리)
111	负	[fù]	負	질 부
112	犷	[guǎng]	獷	사나울 광
113	邬	[Wū]	鄔	땅이름 오
114	饦	[tuō]	飥	수제비 탁
115	饧	[xíng]	餳	엿 당
116	买	[mǎi]	買	살 매
117	寻	[xún]	尋	찾을 심
118	尽	[jìn]	盡	다할 진
119	尽	[jǐn]	儘	다할 진
120	导	[dǎo]	導	인도할 도
121	孙	[sūn]	孫	손자 손
122	阵	[zhèn]	陣	진칠 진
123	阳	[yáng]	陽	볕 양
124	阶	[jiē]	階	섬돌 계
125	阴	[yīn]	陰	그늘 음
126	妇	[fù]	婦	부인 부
127	妈	[mā]	媽	어머니 마
128	戏	[xì]	戲	놀이 희
129	观	[guān]	觀	볼 관
130	欢	[huān]	歡	기쁠 환
131	驮	[tuó]	馱	실을 태
132	驯	[xùn]	馴	길들일 순
133	驰	[chí]	馳	달릴 치
134	纩	[kuàng]	纊	솜 광
135	纡	[yū]	紆	굽을 우
136	红	[hóng]	紅	붉을 홍
137	纤	[qiàn]	縴	헌솜 견
138	纤	[xiān]	纖	가늘 섬
139	纥	[gē]	紇	묶을 흘
140	约	[yuē]	約	약속 약
141	纨	[wán]	紈	흰비단 환
142	级	[jí]	級	등급 급
143	纪	[jì]	紀	벼리 기
144	纫	[rèn]	紉	실꿸 인

7획

번호	중국(간체)	병음	한자(정자)	훈(뜻) 음(소리)
1	沩	[Wéi]	溈	물이름 위
2	沈	[shěn]	瀋	즙 심
3	沪	[Hù]	滬	강이름 호
4	沣	[Fēng]	灃	물이름 풍
5	沤	[òu]	漚	담글 구
6	沥	[lì]	瀝	거를 력
7	沦	[lún]	淪	잔물결 륜
8	沧	[cāng]	滄	찰 창
9	沨	[fēng]	渢	물소리 풍
10	沟	[gōu]	溝	도랑 구
11	穷	[qióng]	窮	궁할 궁
12	冻	[dòng]	凍	얼 동
13	状	[zhuàng]	狀	모양/진술할 상
14	亩	[mǔ]	畝	이랑 묘

7획

15	应	[yìng]	應	응할 응		41	诅	[zǔ]	詛	저주할 저
16	库	[kù]	庫	곳집 고		42	识	[shí]	識	알 식
17	疖	[jiē]	癤	부스럼 절		43	诇	[xiòng]	詗	염탐할 형
18	疗	[liáo]	療	병고칠 료		44	诈	[zhà]	詐	속일 사
19	这	[zhèi]	這	이 저		45	诉	[sù]	訴	호소할 소
20	怃	[wū]	憮	어루만질 무		46	诊	[zhěn]	診	볼 진
21	怀	[huái]	懷	품을 회		47	诋	[tì]	詆	꾸짖을 저
22	怄	[ōu]	慪	화낼 우		48	诌	[zhōu]	謅	농담할 초
23	忧	[yōu]	憂	근심 우		49	诒	[yí]	詒	줄 이
24	忾	[kài]	愾	성낼 개		50	词	[cí]	詞	말씀 사
25	怅	[chàng]	悵	원망할 창		51	诎	[qū]	詘	굽힐 굴
26	怆	[chuǎng]	愴	슬퍼할 창		52	诏	[zhào]	詔	고할 조
27	闵	[mín]	閔	위문할 민		53	译	[yì]	譯	번역 역
28	闷	[mēn]	悶	번민할 민		54	来	[lái]	來	올 래
29	闰	[rùn]	閏	윤달 윤		55	寿	[shòu]	壽	목숨 수
30	闱	[wéi]	闈	문 위		56	麦	[mài]	麥	보리 맥
31	闲	[xián]	閑	한가할 한		57	玛	[mǎ]	瑪	마노 마
32	间	[jiān]	間	사이 간		58	进	[jìn]	進	나아갈 진
33	灶	[zào]	竈	부엌 조		59	远	[yuǎn]	遠	멀 원
34	灿	[càn]	燦	빛날 찬		60	违	[wéi]	違	어길 위
35	炀	[yáng]	煬	쬘 양		61	韧	[rèn]	韌	질길 인
36	启	[qǐ]	啓	열 계		62	划	[chǎn]	剗	깎을 잔
37	补	[bǔ]	補	기울 보		63	运	[yùn]	運	돌/옮길 운
38	评	[píng]	評	평론할 평		64	坟	[fén]	墳	무덤 분
39	证	[zhèng]	證	증거 증		65	坛	[tán]	壇	단/제단 단
40	诃	[hē]	訶	꾸짖을 가		66	坛	[tán]	罎	술병 담

간체자 획수 색인표

7획

67	坏	[huài]	壞	무너질 괴	93	苋	[xiàn]	莧	비름 현
68	坜	[lì]	壢	구덩이 력	94	苁	[cōng]	蓯	육종용 종
69	坝	[bà]	壩	방죽 패	95	苍	[cāng]	蒼	푸를 창
70	坞	[wù]	塢	둑 오	96	苏	[sū]	蘇	깨어날 소
71	块	[kuài]	塊	덩어리 괴	97	苏	[sū]	嚕	군소리할 소
72	壳	[ké]	殼	껍질 각	98	严	[yán]	嚴	엄할 엄
73	贡	[gòng]	貢	바칠 공	99	克	[kè]	剋	이길 극
74	声	[shēng]	聲	소리 성	100	极	[jí]	極	극진할 극
75	护	[hù]	護	지킬 호	101	杨	[yáng]	楊	버들 양
76	抚	[fǔ]	撫	어루만질 무	102	两	[liǎng]	兩	두 량
77	抟	[tuán]	摶	뭉칠 단	103	丽	[lì]	麗	고울 려
78	抠	[kōu]	摳	출/팔 구	104	医	[yì]	醫	의원 의
79	扰	[rǎo]	擾	어지러울 요	105	励	[lì]	勵	힘쓸 려
80	㧏	[gāng]	摃	들어올릴 강	106	还	[hái]	還	돌아올 환
81	折	[zhé]	摺	접을 접	107	矶	[jī]	磯	물가 기
82	抡	[lūn]	掄	가릴 륜	108	奁	[lián]	奩	화장상자 렴
83	抢	[qiǎng]	搶	부딪칠 창	109	歼	[jiān]	殲	다죽일 섬
84	报	[bào]	報	갚을/알릴 보	110	欤	[yú]	歟	어조사 여
85	㧐	[sǒng]	㩳	밀 송	111	连	[lián]	連	이을 련
86	拟	[nǐ]	擬	헤아릴 의	112	轩	[xuān]	軒	집 헌
87	芦	[lú]	蘆	갈대 로	113	轫	[rèn]	軔	쐐기 인
88	劳	[láo]	勞	수고로울 로	114	卤	[lǔ]	鹵	소금 로
89	芜	[wú]	蕪	거칠 무	115	卤	[lǔ]	滷	소금밭 로
90	苇	[wěi]	葦	갈대 위	116	邺	[yè]	鄴	땅이름 업
91	芸	[yún]	蕓	유채 운	117	坚	[jiān]	堅	굳을 견
92	苈	[lì]	藶	꽃다지 력	118	旷	[kuàng]	曠	밝을 광

7획

119	时	[shí]	時	때 시	145	针	[zhēn]	針	바늘 침
120	旸	[yáng]	暘	해돋이 양	146	钉	[dīng]	釘	못 정
121	邮	[yóu]	郵	우편 우	147	钋	[pō]	鉧	불리지않은쇠 박
122	里	[lǐ]	裏	속 리	148	钊	[zhāo]	釗	힘쓸 쇠
123	县	[xiàn]	縣	고을 현	149	钌	[liǎo]	釕	대구 조
124	呒	[fū]	嘸	분명하지않을 무	150	乱	[luàn]	亂	어지러울 란
125	呓	[yì]	囈	잠꼬대 예	151	体	[tǐ]	體	몸 체
126	呕	[ǒu]	嘔	토할 구	152	佣	[yòng]	傭	품팔/고용할 용
127	呖	[lì]	嚦	새소리 력	153	㑇	[zhòu]	傷	고용살이할 추
128	呗	[bei]	唄	찬불 패	154	彻	[chè]	徹	통할 철
129	厅	[tīng]	廳	관청 청	155	邻	[lín]	鄰	이웃 린
130	呛	[qiāng]	嗆	쪼아먹을 창	156	佥	[qiān]	僉	다 첨
131	呜	[wū]	嗚	슬플 오	157	谷	[gǔ]	穀	곡식 곡
132	员	[yuán]	員	인원 원	158	岛	[dǎo]	島	섬 도
133	别	[bié]	彆	활 뒤틀릴 별	159	肠	[cháng]	腸	창자 장
134	园	[yuán]	園	동산 원	160	龟	[guī]	龜	거북 귀
135	围	[wéi]	圍	에울 위	161	犹	[yóu]	猶	오히려 유
136	困	[kùn]	睏	졸릴 곤	162	狈	[bèi]	狽	이리 패
137	囵	[lún]	圇	완전할 륜	163	鸠	[jiū]	鳩	비둘기 구
138	财	[cái]	財	재물 재	164	条	[tiáo]	條	가지 조
139	帏	[wéi]	幃	휘장 위	165	邹	[zōu]	鄒	나라이름 추
140	帐	[zhàng]	帳	장막 장	166	饨	[tún]	飩	만두 돈
141	岖	[qū]	嶇	험할 구	167	饩	[xì]	餼	보낼 희
142	岘	[xiàn]	峴	고개 현	168	饪	[rèn]	飪	익힐 임
143	岗	[gǎng]	崗	언덕 강	169	饬	[chì]	飭	신칙할 칙
144	岚	[lán]	嵐	남기 람	170	饭	[fàn]	飯	밥 반

간체자 획수 색인표

7획

번호	중국(간체)	병음	한자(정자)	훈(뜻) 음(소리)
171	系	[xì]	係	걸릴/계통 계
172	系	[xì]	繫	맬 계
173	灵	[líng]	靈	신령 령
174	层	[céng]	層	층 층
175	迟	[chí]	遲	더딜 지
176	张	[zhāng]	張	베풀 장
177	陆	[lù]	陸	뭍 륙
178	际	[jì]	際	즈음 제
179	陇	[lǒng]	隴	고개이름 롱
180	陈	[chén]	陳	베풀 진
181	坠	[zhuì]	墜	떨어질 추
182	陉	[xíng]	陘	지레목 형
183	妫	[guī]	嬀	성 규
184	妩	[wǔ]	嫵	아리따울 무
185	妪	[yù]	嫗	할미 구
186	刭	[jǐng]	剄	목벨 경
187	劲	[jìn]	勁	굳셀 경
188	鸡	[jī]	鷄	닭 계
189	驴	[lǘ]	驢	당나귀 려
190	驱	[qū]	驅	몰 구
191	驳	[bó]	駁	얼룩말 박
192	纹	[wén]	紋	무늬 문
193	纺	[fǎng]	紡	길쌈 방
194	纭	[yún]	紜	어지러울 운
195	纬	[wěi]	緯	씨 위
196	纯	[chún]	純	순수할 순
197	纰	[pī]	紕	잘못 비
198	纱	[shā]	紗	비단 사
199	纲	[gāng]	綱	벼리 강
200	纳	[nà]	納	들일 납
201	纴	[rèn]	紝	짤 임
202	纵	[zòng]	縱	세로 종
203	纶	[lún]	綸	벼리 륜
204	纷	[fēn]	紛	어지러울 분
205	纸	[zhǐ]	紙	종이 지
206	纾	[shū]	紓	느슨할 서
207	纼	[zhèn]	紖	고삐 진
208	纽	[niǔ]	紐	맺을 뉴

8획

번호	중국(간체)	병음	한자(정자)	훈(뜻) 음(소리)
1	泞	[nìng]	濘	진창 녕
2	泻	[xiè]	瀉	쏟을 사
3	浅	[qiǎn]	淺	얕을 천
4	泷	[lóng]	瀧	비올/급류 롱
5	泸	[lú]	瀘	물이름 로
6	泺	[luò]	濼	물이름 락
7	泼	[pō]	潑	뿌릴 발
8	泽	[zé]	澤	못 택
9	泾	[jīng]	涇	통할/개울 경
10	学	[xué]	學	배울 학

#	简	pinyin	繁	뜻	음	#	简	pinyin	繁	뜻	음
11	实	[shí]	實	열매	실	37	衬	[chèn]	襯	속옷	친
12	宝	[bǎo]	寶	보배	보	38	祎	[huī]	褘	폐슬	휘
13	宠	[chǒng]	寵	괼	총	39	视	[shì]	視	볼	시
14	审	[shěn]	審	살필/알	심	40	该	[gāi]	該	갖출	해
15	谂	[shěn]	諗	자세히알	심	41	详	[xiáng]	詳	자세할	상
16	帘	[lián]	簾	발	렴	42	诨	[hùn]	諢	농담할	원
17	变	[biàn]	變	변할	변	43	诓	[kuāng]	誆	속일	광
18	庞	[páng]	龐	방대할	방	44	诔	[lěi]	誄	뇌사	뢰
19	庙	[miào]	廟	사당	묘	45	试	[shì]	試	시험	시
20	疟	[nüè]	瘧	학질	학	46	诗	[shī]	詩	시	시
21	疠	[lì]	癘	염병	려	47	诘	[jí]	詰	꾸짖을	힐
22	疡	[yáng]	瘍	종기	양	48	诙	[huī]	詼	조롱할	회
23	剂	[jì]	劑	약제	제	49	诚	[chéng]	誠	정성	성
24	废	[fèi]	廢	폐할	폐	50	诛	[zhū]	誅	벨	주
25	怜	[lián]	憐	불쌍할	련	51	话	[huà]	話	말씀	화
26	㤙	[zhòu]	㥮	고집셀	추	52	诞	[dàn]	誕	낳을	탄
27	怿	[yì]	懌	기뻐할	역	53	诟	[gòu]	詬	꾸짖을	구
28	闹	[nào]	鬧	시끄러울	료	54	诠	[quán]	詮	설명할	전
29	闸	[zhá]	閘	수문	갑	55	诡	[guǐ]	詭	속일	궤
30	郑	[zhèng]	鄭	나라이름	정	56	询	[xún]	詢	물을	순
31	卷	[juǎn]	捲	책	권	57	诣	[yì]	詣	이를	예
32	单	[dān]	單	홀	단	58	诤	[zhēng]	諍	간할	쟁
33	炉	[lú]	爐	화로	로	59	诩	[xǔ]	詡	자랑할	후
34	炜	[wěi]	煒	빨갈	위	60	郏	[jiá]	郟	땅이름	겹
35	炝	[qiàng]	熗	데칠	창	61	玮	[wěi]	瑋	옥	위
36	郸	[dān]	鄲	조나라서울	단	62	环	[huán]	環	고리	환

간체자 획수 색인표

8획

63	现	[xiàn]	現	나타날 현	89	枫	[gāng]	棡	목책가로대 강
64	责	[zé]	責	꾸짖을 책	90	枧	[jiǎn]	梘	홈통 견
65	表	[biǎo]	錶	시계 표	91	枨	[chéng]	棖	문설주 정
66	规	[guī]	規	법 규	92	板	[bǎn]	闆	주인 반
67	匦	[guǐ]	匭	상자 궤	93	枞	[cōng]	樅	전나무 종
68	丧	[sàng]	喪	잃을 상	94	松	[sōng]	鬆	더벅머리 송
69	垆	[lú]	壚	흑토 로	95	枪	[qiāng]	槍	창 창
70	㧟	[kuǎi]	擓	긁을 회	96	枫	[fēng]	楓	단풍나무 풍
71	拧	[níng]	擰	어지러울 녕	97	构	[gòu]	構	얽을 구
72	拦	[lán]	攔	막을 란	98	画	[huà]	畫	그림 화
73	担	[dàn]	擔	멜 담	99	枣	[zǎo]	棗	대추 조
74	拥	[yōng]	擁	안을 옹	100	卖	[mài]	賣	팔 매
75	势	[shì]	勢	형세 세	101	郁	[yù]	鬱	답답할 울
76	拨	[bō]	撥	다스릴 발	102	矿	[kuàng]	礦	쇳돌 광
77	择	[zé]	擇	가릴 택	103	矾	[fán]	礬	명반 반
78	顶	[dǐng]	頂	정수리 정	104	砀	[dàng]	碭	무늬있는돌 탕
79	范	[fàn]	範	법/모형 범	105	码	[mǎ]	碼	마노 마
80	茔	[yíng]	塋	무덤 영	106	厕	[cè]	廁	뒷간 측
81	茕	[qióng]	煢	외로울 경	107	态	[tài]	態	태도 태
82	苹	[píng]	蘋	네가래 빈	108	奋	[fèn]	奮	떨칠 분
83	茏	[lóng]	蘢	개여뀌 롱	109	瓯	[ōu]	甌	사발 구
84	茑	[niǎo]	蔦	담쟁이 조	110	欧	[ōu]	歐	구라파 구
85	茎	[jīng]	莖	줄기 경	111	殴	[ōu]	毆	때릴 구
86	枢	[shū]	樞	지도리 추	112	垄	[lǒng]	壟	밭두둑 롱
87	枥	[lì]	櫪	말구유 력	113	顷	[qǐng]	頃	이랑 경
88	柜	[guì]	櫃	함 궤	114	转	[zhuǎn]	轉	구를 전

8획

115	轭	[è]	軛	멍에 액	141	帜	[zhì]	幟	기 치
116	斩	[zhǎn]	斬	벨 참	142	贮	[zhù]	貯	쌓을 저
117	轰	[hōng]	轟	울릴 굉	143	贬	[biǎn]	貶	떨어뜨릴 폄
118	鸢	[yuān]	鳶	솔개 연	144	败	[bài]	敗	패할 패
119	齿	[chǐ]	齒	이 치	145	购	[gòu]	購	살 구
120	虏	[lǔ]	虜	사로잡을 로	146	觅	[mì]	覓	찾을 멱
121	肾	[shèn]	腎	콩팥 신	147	钔	[mén]	鍆	멘델레븀 문
122	贤	[xián]	賢	어질 현	148	钍	[tǔ]	釷	토륨 토
123	昙	[tán]	曇	흐릴 담	149	钎	[qiān]	釺	정 천
124	咛	[níng]	嚀	간곡할 녕	150	钏	[chuàn]	釧	팔찌 천
125	咙	[lóng]	嚨	목구멍 롱	151	钓	[diào]	釣	낚시 조
126	鸣	[míng]	鳴	울 명	152	钒	[fán]	釩	떨칠 범
127	咝	[sī]	噝	나는소리 사	153	钕	[nǚ]	釹	네오디뮴 녀
128	黾	[miǎn]	黽	힘쓸 민	154	锡	[xī]	錫	주석 석
129	畅	[chàng]	暢	펼/통쾌할 창	155	钗	[chāi]	釵	비녀 차/채
130	虮	[jī]	蟣	서캐 기	156	制	[zhì]	製	지을 제
131	国	[guó]	國	나라 국	157	刮	[guā]	颳	모진 바람 괄
132	图	[tú]	圖	그림 도	158	侪	[chái]	儕	무리 제
133	罗	[luō]	羅	벌일/새 그물 라	159	侬	[nóng]	儂	나 농
134	岽	[dōng]	崬	산이름 동	160	侠	[xiá]	俠	호협할 협
135	岿	[kuī]	巋	험준할 귀	161	侥	[jiǎo]	僥	요행 요
136	岭	[lǐng]	嶺	고개 령	162	侦	[zhēn]	偵	염탐할 정
137	峄	[yì]	嶧	산이름 역	163	侧	[cè]	側	곁 측
138	刿	[guì]	劌	상처입힐 귀	164	侨	[qiáo]	僑	더부살이 교
139	剀	[kǎi]	剴	낫/벨 개	165	侩	[kuài]	儈	거간 쾌
140	凯	[kǎi]	凱	개선할 개	166	凭	[píng]	憑	기댈 빙

간체자 획수 색인표

8획

167	货	[huò]	貨	재물 화	193	饴	[yí]	飴	엿 이
168	质	[zhì]	質	바탕 질	194	饲	[sì]	飼	먹일 사
169	征	[zhēng]	徵	부를 징	195	饳	[duò]	飿	음식이름 돌
170	径	[jìng]	徑	길/지름 경	196	参	[cān]	參	참여할 참
171	籴	[dí]	糴	쌀살 적	197	隶	[lì]	隸	종/노예 례
172	贪	[tān]	貪	탐할 탐	198	肃	[sù]	肅	엄숙할 숙
173	舍	[shè]	捨	버릴 사	199	录	[lù]	錄	기록 록
174	刽	[guì]	劊	끊을 회	200	弥	[mí]	彌	두루/채울 미
175	郐	[kuài]	鄶	나라이름 회	201	沵	[mǐ]	瀰	물 넓을 미
176	怂	[sǒng]	慫	권할 종	202	陕	[shǎn]	陝	고을이름 섬
177	贫	[pín]	貧	가난할 빈	203	驾	[jià]	駕	탈것 가
178	戗	[qiāng]	戧	다칠 창	204	艰	[jiān]	艱	어려울 간
179	枭	[xiāo]	梟	올빼미 효	205	驼	[tuó]	駝	낙타 타
180	肮	[háng]	骯	더러울 항	206	驻	[zhù]	駐	머무를 주
181	肤	[fū]	膚	살갗 부	207	驵	[zǎng]	駔	준마 장
182	胗	[zhuān]	膊	저민고기 전	208	驶	[shǐ]	駛	달릴 사
183	肿	[zhǒng]	腫	부스럼 종	209	驷	[sì]	駟	사마 사
184	胀	[zhàng]	脹	배부를 창	210	驸	[fù]	駙	곁마 부
185	胁	[xié]	脅	위협할 협	211	驹	[jū]	駒	망아지 구
186	迩	[ěr]	邇	가까울 이	212	驺	[zōu]	騶	마부 추
187	鱼	[yú]	魚	고기 어	213	骀	[dài]	駘	둔마 태
188	狞	[níng]	獰	모질 녕	214	驿	[yì]	驛	역 역
189	备	[bèi]	備	갖출 비	215	绊	[bàn]	絆	얽어맬 반
190	饯	[jiàn]	餞	전별할 전	216	线	[xiàn]	線	줄 선
191	饰	[shì]	飾	꾸밀 식	217	绀	[gàn]	紺	감색 감
192	饱	[bǎo]	飽	배부를 포	218	绁	[xiè]	紲	고삐 설

번호	중국(간체)	병음	한자(정자)	훈(뜻) 음(소리)
219	绂	[fú]	紱	인끈 불
220	练	[liàn]	練	익힐 련
221	组	[zǔ]	組	짤 조
222	细	[xì]	細	가늘 세
223	绸	[chōu]	紬	명주 주
224	绅	[shēn]	紳	띠 신
225	织	[zhī]	織	짤 직
226	终	[zhōng]	終	마칠 종
227	绉	[zhòu]	縐	주름질 추
228	绐	[dài]	紿	속일 태
229	绋	[fú]	紼	엉킨 실 불
230	绌	[chù]	絀	폐맬/모자랄 출
231	绎	[yì]	繹	풀 역
232	绍	[shào]	紹	이을 소
233	贯	[guàn]	貫	꿸 관

9획

번호	중국(간체)	병음	한자(정자)	훈(뜻) 음(소리)
1	济	[jì]	濟	건널 제
2	浏	[liú]	瀏	맑을 류
3	浐	[chǎn]	滻	강이름 산
4	浑	[hún]	渾	흐릴 혼
5	浓	[nóng]	濃	짙을 농
6	浒	[hǔ]	滸	물가 호
7	浃	[jiā]	浹	두루미칠 협
8	洼	[wā]	窪	웅덩이 와
9	洁	[jié]	潔	깨끗할 결
10	洒	[sǎ]	灑	뿌릴 쇄
11	挞	[tà]	撻	미끄러울 달
12	浇	[jiāo]	澆	물댈 요
13	浈	[zhēn]	湞	강이름 정
14	浉	[shī]	溮	강이름 사
15	浊	[zhuó]	濁	흐릴 탁
16	测	[cè]	測	헤아릴 측
17	浍	[huì]	澮	강이름 회
18	浔	[xún]	潯	물가 심
19	浕	[jìn]	濜	강이름 진
20	觉	[jué]	覺	깨달을 각
21	举	[jǔ]	擧	들 거
22	宪	[xiàn]	憲	법 헌
23	窃	[qiè]	竊	훔칠 절
24	亲	[qīn]	親	친할 친
25	飒	[sà]	颯	바람소리 삽
26	峦	[luán]	巒	뫼 만
27	弯	[wān]	彎	굽을 만
28	孪	[luán]	孿	쌍둥이 련
29	将	[jiāng]	將	장수 장
30	奖	[jiǎng]	奬	장려할 장
31	疮	[chuāng]	瘡	부스럼 창
32	疯	[fēng]	瘋	미치광이 풍
33	恼	[nǎo]	惱	괴로워할 뇌

간체자 획수 색인표

9획

34	恽	[yùn]	惲	중후할 운
35	恸	[tòng]	慟	서럽게울 통
36	恹	[yān]	懕	편안할 염
37	恺	[kǎi]	愷	즐거울 개
38	恻	[cè]	惻	슬퍼할 측
39	阂	[hé]	閡	막힐 핵
40	闺	[guī]	閨	안방 규
41	闻	[wén]	聞	들을 문
42	闼	[tà]	闥	문 달
43	闾	[lǘ]	閭	마을 려
44	闽	[mǐn]	閩	종족이름 민
45	闿	[kǎi]	闓	열 개
46	阀	[fá]	閥	문벌 벌
47	阁	[gé]	閣	집 각
48	养	[yǎng]	養	기를 양
49	姜	[jiāng]	薑	생강 강
50	类	[lèi]	類	무리 류
51	娄	[lóu]	婁	별이름 루
52	总	[zǒng]	總	다 총
53	烂	[làn]	爛	빛날 란
54	炼	[liàn]	煉	달굴 련
55	炽	[chì]	熾	성할 치
56	烁	[shuò]	爍	빛날 삭
57	烃	[tīng]	烴	따뜻할 경
58	袄	[ǎo]	襖	웃옷 오
59	鸩	[zhèn]	鴆	짐새 짐
60	说	[shuō]	說	말씀 설
61	诫	[jiè]	誡	경계할 계
62	诬	[wū]	誣	속일 무
63	语	[yǔ]	語	말씀 어
64	诮	[qiào]	誚	꾸짖을 초
65	误	[wù]	誤	그르칠 오
66	诰	[gào]	誥	고할 고
67	诱	[yòu]	誘	꾈 유
68	诲	[huì]	誨	가르칠 회
69	诳	[kuáng]	誑	속일 광
70	诵	[sòng]	誦	외울 송
71	诶	[éi]	誒	탄식할 희
72	贰	[èr]	貳	두 이
73	帮	[bāng]	幫	도울 방
74	珑	[lóng]	瓏	옥소리 롱
75	顸	[hān]	頇	얼굴클 한
76	韨	[fú]	韍	폐슬 불
77	项	[xiàng]	項	목 항
78	垭	[yā]	埡	작은방죽 오
79	垲	[kǎi]	塏	높은 땅 개
80	赵	[zhào]	趙	나라이름 조
81	贲	[bēn]	賁	클 분
82	挤	[jǐ]	擠	밀칠 제
83	挥	[huī]	揮	휘두를 휘
84	挟	[xié]	挾	낄 협
85	挝	[wō]	撾	칠 과

9획

86	挜	[yà]	掗	흔들 아		112	荭	[hóng]	葒	개여뀌 홍
87	挞	[tà]	撻	매질할 달		113	药	[yào]	藥	약 약
88	挠	[náo]	撓	어지러울 요		114	垩	[è]	堊	백토 악
89	挡	[dǎng]	擋	숨길 당		115	贳	[shì]	貰	세낼 세
90	挢	[jiǎo]	撟	들 교		116	带	[dài]	帶	띠 대
91	垫	[diàn]	墊	빠질 점		117	胡	[hú]	鬍	수염 호
92	挦	[xián]	撏	딸 잠		118	柠	[níng]	檸	레몬 녕
93	荡	[dàng]	蕩	방탕할 탕		119	栏	[lán]	欄	난간 란
94	荠	[jì]	薺	냉이 제		120	标	[biāo]	標	표할 표
95	荧	[yíng]	熒	등불 형		121	栈	[zhàn]	棧	잔도 잔
96	荣	[róng]	榮	영화 영		122	栉	[zhì]	櫛	빗 즐
97	荤	[hūn]	葷	훈채 훈		123	栊	[lóng]	櫳	창 롱
98	荥	[xíng]	滎	못이름 형		124	栋	[dòng]	棟	마룻대 동
99	荦	[luò]	犖	얼룩소 락		125	栌	[lú]	櫨	두공 로
100	荚	[jiá]	莢	꼬투리 협		126	栎	[lì]	櫟	상수리나무 력
101	荐	[jiàn]	薦	천거할 천		127	树	[shù]	樹	나무 수
102	荛	[ráo]	蕘	땔나무 요		128	柽	[chēng]	檉	위성류 정
103	荜	[bì]	蓽	콩 필		129	咸	[xián]	鹹	짤 함
104	茧	[jiǎn]	繭	고치 견		130	砖	[zhuān]	磚	벽돌 전
105	荞	[qiáo]	蕎	메밀 교		131	砗	[chē]	硨	조개이름 차
106	荟	[huì]	薈	우거질 회		132	砚	[yàn]	硯	벼루 연
107	荨	[xún]	蕁	쐐기풀 심		133	面	[miàn]	麵	밀가루 면
108	荩	[jìn]	藎	나아갈 신		134	牵	[qiān]	牽	끌 견
109	荫	[yīn]	蔭	그늘 음		135	鸥	[ōu]	鷗	갈매기 구
110	荪	[sūn]	蓀	향초 손		136	残	[cán]	殘	해칠 잔
111	荮	[zhòu]	葤	쌀 주		137	殇	[shāng]	殤	일찍죽을 상

간체자 획수 색인표

9획

138	龛	[yǎn]	龕	고명할 엄
139	轱	[gū]	軲	수레 고
140	轲	[kē]	軻	성 가
141	轳	[lú]	轤	도르레 로
142	轴	[zhóu]	軸	굴대 축
143	轷	[hū]	軤	성 호
144	轶	[yì]	軼	앞지를 일
145	轸	[zhěn]	軫	마음아파할 진
146	轹	[lì]	轢	칠 력
147	轺	[yáo]	軺	수레 초
148	轻	[qīng]	輕	가벼울 경
149	鸦	[yā]	鴉	갈까마귀 아
150	虿	[chài]	蠆	전갈 채
151	尝	[cháng]	嘗	일찍 상
152	战	[zhàn]	戰	싸움 전
153	觇	[chān]	覘	엿볼 첨
154	点	[diǎn]	點	점 점
155	临	[lín]	臨	임할 림
156	览	[lǎn]	覽	볼 람
157	竖	[shù]	竪	세울 수
158	眍	[kōu]	瞘	움평눈 구
159	昽	[lóng]	曨	어스레할 롱
160	哝	[nóng]	噥	소곤거릴 농
161	哑	[yǎ]	啞	벙어리 아
162	哒	[dā]	噠	종족이름 달
163	哓	[xiāo]	嘵	두려워할 효
164	哔	[bì]	嗶	울 필
165	哗	[huā]	嘩	시끄러울 화
166	响	[xiǎng]	響	울릴 향
167	哙	[kuài]	噲	목구멍 쾌
168	哟	[yō]	喲	탄식하는소리 약
169	虽	[suī]	雖	비록 수
170	剐	[guǎ]	剮	살바를 과
171	郧	[yún]	鄖	나라이름 운
172	显	[xiǎn]	顯	나타낼 현
173	贵	[guì]	貴	귀할 귀
174	蚁	[yǐ]	蟻	개미 의
175	虾	[xiā]	蝦	두꺼비 하
176	蚂	[mǎ]	螞	말거머리 마
177	峡	[xiá]	峽	골짜기 협
178	峣	[yáo]	嶢	높을 요
179	峤	[jiào]	嶠	뾰족하게높을 교
180	罚	[fá]	罰	벌줄 벌
181	帧	[zhèng]	幀	그림족자 정
182	贱	[jiàn]	賤	천할 천
183	贴	[tiē]	貼	붙을 첩
184	贶	[kuàng]	貺	줄 황
185	贻	[yí]	貽	끼칠 이
186	钭	[tǒu]	鈄	성 두
187	钫	[fāng]	鈁	술그릇 방
188	钬	[huǒ]	鈥	홀뮴 화
189	钙	[gài]	鈣	칼슘 개

9획

190	钚	[bù]	鈈	플루토늄 비
191	钛	[tài]	鈦	티타늄 태
192	钝	[dùn]	鈍	둔할 둔
193	钘	[yé]	鉬	칼이름 야
194	钞	[chāo]	鈔	노략질할 초
195	钡	[bèi]	鋇	바륨 패
196	钟	[zhōng]	鐘	종 종
197	锺	[zhōng]	鍾	술병 종
198	钢	[gǎng]	鋼	강철 강
199	钠	[nà]	鈉	나트륨 납
200	铃	[líng]	鈴	방울 령
201	钧	[jūn]	鈞	서른근 균
202	钥	[yào]	鑰	자물쇠 약
203	钦	[qīn]	欽	공경할 흠
204	钨	[wū]	鎢	텅스텐 오
205	钩	[gōu]	鉤	갈고리 구
206	钮	[niǔ]	鈕	인꼭지 뉴
207	钯	[bǎ]	鈀	팔라듐 파
208	笃	[dū]	篤	도타울 독
209	毡	[zhān]	氈	모전 전
210	氢	[qīng]	氫	수소 경
211	选	[xuǎn]	選	가릴 선
212	适	[shì]	適	마침 적
213	秋	[qiū]	鞦	그네 추
214	种	[zhǒng]	種	씨 종
215	复	[fù]	復	돌아올 복
216	复	[fù]	複	겹칠 복
217	俦	[chóu]	儔	짝 주
218	俨	[yǎn]	儼	의젓할 엄
219	俪	[lì]	儷	짝 려
220	俩	[liǎ]	倆	재주 량
221	俭	[jiǎn]	儉	검소할 검
222	贷	[dài]	貸	빌릴 대
223	顺	[shùn]	順	순할 순
224	须	[xū]	鬚	수염 수
225	剑	[jiàn]	劍	칼 검
226	鸧	[cāng]	鶬	재두루미 창
227	贸	[mào]	貿	바꿀 무
228	胧	[lóng]	朧	흐릿할 롱
229	胪	[lú]	臚	벌일 려
230	胆	[dǎn]	膽	쓸개 담
231	胜	[shèng]	勝	이길 승
232	胫	[jìng]	脛	정강이 경
233	鸨	[bǎo]	鴇	능에 보
234	狱	[yù]	獄	옥 옥
235	狭	[xiá]	狹	좁을 협
236	狮	[shī]	獅	사자 사
237	独	[dú]	獨	홀로 독
238	狯	[kuài]	獪	교활할 회
239	狲	[sūn]	猻	원숭이 손
240	饺	[jiǎo]	餃	경단/교자 교
241	饼	[bǐng]	餅	떡 병

간체자 획수 색인표

9획

242	饵	[ěr]	餌	먹이 이
243	饶	[ráo]	饒	넉넉할 요
244	蚀	[shí]	蝕	좀먹을 식
245	饷	[xiǎng]	餉	건량 향
246	饸	[hé]	餄	떡 협
247	垒	[lěi]	壘	진 루
248	垦	[kěn]	墾	개간할 간
249	昼	[zhòu]	晝	낮 주
250	费	[fèi]	費	쓸 비
251	逊	[xùn]	遜	겸손할 손
252	陨	[yǔn]	隕	떨어질 운
253	险	[xiǎn]	險	험할 험
254	娅	[yà]	婭	동서 아
255	娆	[rǎo]	嬈	아리따울 요
256	娇	[jiāo]	嬌	아리따울 교
257	贺	[hè]	賀	하례 하
258	怼	[duì]	懟	원망할 대
259	骇	[hài]	駭	놀랄 해
260	骈	[pián]	駢	나란히할 변
261	骁	[xiāo]	驍	날랠 효
262	骄	[jiāo]	驕	교만할 교
263	骅	[huá]	驊	준마 화
264	骆	[luò]	駱	낙타 락
265	绞	[jiǎo]	絞	목맬 교
266	统	[tǒng]	統	거느릴 통
267	绑	[bǎng]	綁	묶을 방

268	绒	[róng]	絨	융 융
269	结	[jié]	結	맺을 결
270	绔	[kù]	絝	바지 고
271	绖	[dié]	絰	질 질
272	绕	[rào]	繞	두를 요
273	绗	[háng]	絎	꿰맬 행
274	绘	[huì]	繪	그림 회
275	给	[gěi]	給	줄 급
276	绚	[xuàn]	絢	무늬 현
277	绛	[jiàng]	絳	진홍 강
278	络	[luò]	絡	이을 락
279	绝	[jué]	絕	끊을 절

10획

번호	중국(간체)	병음	한자(정자)	훈(뜻) 음(소리)
1	润	[rùn]	潤	젖을 윤
2	涧	[jiàn]	澗	산골물 간
3	涞	[lái]	淶	강이름 래
4	涛	[tāo]	濤	물결 도
5	涝	[lào]	澇	큰물결 로
6	涟	[lián]	漣	잔물결 련
7	涠	[wéi]	潿	웅덩이 위
8	涢	[yún]	溳	강이름 운
9	涡	[wō]	渦	소용돌이 와
10	涂	[tú]	塗	진흙 도

10획

11	涤	[dí]	滌	씻을 척	37	阆	[láng]	閬	넓을 랑
12	涨	[zhǎng]	漲	넘칠 창	38	阃	[kǔn]	閫	문지방 곤
13	涩	[sè]	澀	떫을 삽	39	阄	[jiū]	鬮	제비 구
14	烫	[tàng]	燙	데울 탕	40	郸	[dān]	鄲	조나라서울 단
15	宽	[kuān]	寬	너그러울 관	41	烦	[fán]	煩	번거로울 번
16	家	[jiā]	傢	가구/세간 가	42	烧	[shāo]	燒	불사를 소
17	宾	[bīn]	賓	손 빈	43	烛	[zhú]	燭	촛불 촉
18	窥	[kuī]	窺	엿볼 규	44	烨	[yè]	燁	빛날 엽
19	窎	[diào]	窵	그윽할 조	45	烩	[huì]	燴	모아끓일 회
20	竞	[jìng]	競	다툴 경	46	烬	[jìn]	燼	깜부기불 신
21	恋	[liàn]	戀	사모할 련	47	递	[dì]	遞	갈마들 체
22	栾	[luán]	欒	둥글 란	48	袜	[wà]	襪	버선 말
23	挛	[luán]	攣	걸릴 련	49	祯	[zhēn]	禎	상서 정
24	桨	[jiǎng]	槳	노 장	50	谊	[yì]	誼	정/옳을 의
25	浆	[jiāng]	漿	즙 장	51	谅	[liàng]	諒	헤아릴 량
26	症	[zhēng]	癥	적취 징	52	谆	[zhūn]	諄	도울 순
27	痈	[yōng]	癰	악창 옹	53	谇	[suì]	誶	꾸짖을 수
28	痉	[jìng]	痙	경련 경	54	谈	[tán]	談	말씀 담
29	准	[zhǔn]	準	본보기 준	55	请	[qǐng]	請	청할 청
30	斋	[zhāi]	齋	재계할 재	56	诸	[zhū]	諸	모든 제
31	离	[lí]	離	떠날 리	57	诹	[zōu]	諏	물을 추
32	颃	[háng]	頏	내려갈 항	58	诺	[nuò]	諾	대답할 낙
33	资	[zī]	資	재물 자	59	读	[dú]	讀	읽을 독
34	悯	[mǐn]	憫	근심할 민	60	诼	[zhuó]	諑	헐뜯을 착
35	悭	[qiān]	慳	아낄 간	61	诽	[fěi]	誹	헐뜯을 비
36	阅	[yuè]	閱	검열할 열	62	课	[kè]	課	과정 과

간체자 획수 색인표

10획

63	诿	[wěi]	諉	떠넘길 위	89	聂	[niè]	聶	소곤거릴 섭
64	谀	[yú]	諛	아첨할 유	90	茕	[qióng]	煢	근심할 경
65	谁	[shuí]	誰	누구 수	91	莺	[yīng]	鶯	꾀꼬리 앵
66	谂	[shěn]	諗	간할 심	92	莱	[lái]	萊	명아주 래
67	调	[diào]	調	고를 조	93	莲	[lián]	蓮	연 련
68	谄	[chǎn]	諂	아첨할 첨	94	莳	[shí]	蒔	모종할 시
69	艳	[yàn]	艷	고울 염	95	莴	[wō]	萵	상추 와
70	珲	[huī]	琿	옥 혼	96	获	[huò]	獲	얻을 획
71	顼	[xū]	頊	삼갈 욱	97	获	[huò]	穫	거둘 확
72	蚕	[cán]	蠶	누에 잠	98	莸	[yóu]	蕕	누린내풀 유
73	顽	[wán]	頑	완고할 완	99	莼	[chún]	蒓	순채 순
74	盏	[zhǎn]	盞	잔 잔	100	恶	[è]	惡	모질 악
75	载	[zài]	載	실을 재	101	恶	[è]	噁	성낼 오
76	赶	[gǎn]	趕	쫓을/달릴 간	102	鸪	[gū]	鴣	자고 고
77	盐	[yán]	鹽	소금 염	103	桩	[zhuāng]	樁	말뚝 장
78	壶	[hú]	壺	병 호	104	样	[yàng]	樣	모양 양
79	埘	[shí]	塒	홰 시	105	桡	[ráo]	橈	굽을 노
80	埙	[xūn]	塤	질나발 훈	106	档	[dàng]	檔	문서 당
81	埚	[guō]	堝	도가니 과	107	桢	[zhēn]	楨	광나무 정
82	捞	[lāo]	撈	건질 로	108	桤	[qī]	榿	오리나무 기
83	损	[sǔn]	損	덜 손	109	桥	[qiáo]	橋	다리 교
84	捡	[jiǎn]	撿	단속할 검	110	桦	[huà]	樺	자작나무 화
85	捣	[dǎo]	搗	찧을 도	111	桧	[guì]	檜	노송나무 회
86	热	[rè]	熱	더울 열	112	逦	[lǐ]	邐	이어질 리
87	赘	[zhuì]	贅	군더더기 췌	113	贾	[jiǎ]	賈	장사/상인 고
88	挚	[zhì]	摯	잡을 지	114	砺	[lì]	礪	숫돌 려

10획

115	砾	[lì]	礫	조약돌 력	141	唝	[gòng]	嗊	노래 홍
116	础	[chǔ]	礎	주춧돌 초	142	喎	[wāi]	喎	입삐뚤어질 괘
117	砻	[lóng]	礱	갈/맷돌 롱	143	鸮	[xiāo]	鴞	올빼미 효
118	顾	[gù]	顧	돌아볼 고	144	蚬	[xiǎn]	蜆	가막조개 현
119	致	[zhì]	緻	빽빽할 치	145	鸯	[yāng]	鴦	원앙 앙
120	顿	[dùn]	頓	조아릴 돈	146	崃	[lái]	崍	산이름 래
121	较	[jiào]	較	비교할 교	147	崂	[láo]	嶗	산이름 로
122	轼	[shì]	軾	수레앞턱가로나무 식	148	觊	[jì]	覬	바랄 기
123	轾	[zhì]	輊	숙은수레 지	149	罢	[bà]	罷	파할 파
124	轿	[jiào]	轎	가마 교	150	圆	[yuán]	圓	둥글 원
125	辂	[lù]	輅	수레 로	151	赃	[zāng]	臟	장물 장
126	鸫	[dōng]	鶇	티티새 동	152	赅	[gāi]	賅	갖출 해
127	趸	[dǔn]	躉	거룻배 돈	153	赆	[jìn]	贐	전별할 신
128	毙	[bì]	斃	넘어질 폐	154	爱	[ài]	愛	사랑 애
129	党	[dǎng]	黨	무리 당	155	铈	[shì]	鈰	세륨 시
130	龀	[chèn]	齔	이갈 츤	156	铉	[xuàn]	鉉	솥귀고리 현
131	鸬	[lú]	鸕	가마우지 로	157	钰	[yù]	鈺	보배 옥
132	虑	[lǜ]	慮	생각 려	158	钱	[qián]	錢	돈 전
133	监	[jiān]	監	볼 감	159	钲	[zhēng]	鉦	징 정
134	紧	[jǐn]	緊	긴할 긴	160	钳	[qián]	鉗	칼 겸
135	晕	[yūn]	暈	무리 훈	161	锆	[gào]	鋯	코발트 고
136	晒	[shài]	曬	쬘 쇄	162	钵	[bō]	鉢	바리때 발
137	晓	[xiǎo]	曉	새벽 효	163	钹	[bó]	鈸	동발 발
138	晔	[yè]	曄	빛날 엽	164	钺	[yuè]	鉞	도끼 월
139	鸭	[yā]	鴨	오리 압	165	钻	[zuān]	鑽	뚫을 찬
140	唛	[mà]	嘜	음역자 마	166	钿	[diàn]	鈿	비녀 전

간체자 획수 색인표

10획

167	铁	[tiě]	鐵	쇠 철	193	袅	[niǎo]	裊	간드러질 뇨
168	铂	[bó]	鉑	백금 박	194	鸳	[yuān]	鴛	원앙 원
169	铃	[líng]	鈴	방울 령	195	脏	[zàng]	臟	오장 장
170	铄	[shuò]	鑠	녹일 삭	196	脏	[zàng]	髒	더러울 장
171	铅	[qiān]	鉛	납 연	197	脐	[qí]	臍	배꼽 제
172	铆	[mǎo]	鉚	쇠 류	198	脑	[nǎo]	腦	골/뇌수 뇌
173	铍	[pō]	鏺	낫/벨 발	199	脓	[nóng]	膿	고름 농
174	铎	[duó]	鐸	방울 탁	200	脍	[kuài]	膾	회 회
175	笕	[jiǎn]	筧	대홈통 견	201	玺	[xǐ]	璽	옥새 새
176	笔	[bǐ]	筆	붓 필	202	鱽	[dāo]	魛	웅어 도
177	牺	[xī]	犧	희생 희	203	鸲	[qú]	鴝	구관조 구
178	敌	[dí]	敵	대적할 적	204	狝	[xiǎn]	獮	종족이름 험
179	积	[jī]	積	쌓을 적	205	皱	[zhòu]	皺	주름 추
180	称	[chēng]	稱	일컬을 칭	206	饽	[bō]	餑	떡 발
181	债	[zhài]	債	빚 채	207	馁	[něi]	餒	썩을 뇌
182	倾	[qīng]	傾	기울 경	208	饿	[è]	餓	주릴 아
183	赁	[lìn]	賃	품삯 임	209	预	[yù]	預	미리/참가할 예
184	颀	[qí]	頎	헌걸찰 기	210	恳	[kěn]	懇	간절할 간
185	徕	[lái]	徠	올/위로할 래	211	剧	[jù]	劇	심할/연극 극
186	舰	[jiàn]	艦	싸움배 함	212	娴	[xián]	嫺	우아할 한
187	舱	[cāng]	艙	선창/선실 창	213	娲	[wā]	媧	사람이름 와
188	耸	[sǒng]	聳	두려워할/솟을 용	214	难	[nán]	難	어려울 난
189	鸰	[líng]	鴒	할미새 령	215	骊	[lí]	驪	검을말 려
190	颁	[bān]	頒	나눌 반	216	骋	[chěng]	騁	달릴 빙
191	颂	[sòng]	頌	기릴 송	217	验	[yàn]	驗	시험 험
192	鸵	[tuó]	鴕	타조 타	218	骏	[jùn]	駿	준마 준

10획

번호	중국(간체)	병음	한자(정자)	훈(뜻) 음(소리)
219	骎	[qīn]	駸	빠를 침
220	继	[jì]	繼	이을 계
221	绨	[tí]	綈	깁 제
222	绠	[gěng]	綆	두레박줄 경
223	绡	[xiāo]	綃	생사 초
224	绢	[juàn]	絹	비단 견
225	绶	[shòu]	綬	인끈 수
226	鸶	[sī]	鷥	해오라기 사

11획

번호	중국(간체)	병음	한자(정자)	훈(뜻) 음(소리)
1	淀	[diàn]	澱	앙금 전
2	渍	[zì]	漬	담글 지
3	渎	[dú]	瀆	도랑 독
4	鸿	[hóng]	鴻	기러기 홍
5	渐	[jiàn]	漸	점점 점
6	渑	[miǎn]	澠	강이름 승
7	渊	[yuān]	淵	못 연
8	渔	[yú]	漁	고기잡을 어
9	渗	[shèn]	滲	스며들 삼
10	鸾	[luán]	鸞	난새 란
11	痒	[yǎng]	癢	가려울 양
12	顷	[qǐng]	頃	자그마한 경
13	鸡	[jiāo]	鶵	해오라기 교
14	镟	[xuàn]	鏇	갈이틀 선
15	惊	[jīng]	驚	놀랄 경
16	惮	[dàn]	憚	꺼릴 탄
17	惬	[qiè]	愜	쾌할 협
18	惭	[cán]	慙	부끄러울 참
19	惧	[jù]	懼	두려워할 구
20	惨	[cǎn]	慘	참혹할 참
21	惯	[guàn]	慣	익숙할 관
22	阏	[è]	閼	막을 알
23	阐	[chǎn]	闡	열 천
24	阈	[yù]	閾	문지방 역
25	阊	[chāng]	閶	천문 창
26	阋	[xì]	鬩	다툴 혁
27	阍	[hūn]	閽	문지기 혼
28	阎	[yán]	閻	이문 염
29	盖	[gài]	蓋	덮을 개
30	粝	[lì]	糲	현미 려
31	断	[duàn]	斷	끊을 단
32	兽	[shòu]	獸	짐승 수
33	焖	[mèn]	燜	뜸들일 민
34	皲	[jūn]	皸	틀 군
35	祷	[dǎo]	禱	빌 도
36	裆	[dāng]	襠	잠방이 당
37	祸	[huò]	禍	재앙 화
38	谛	[dì]	諦	살필 체
39	谙	[ān]	諳	욀 암
40	谚	[yàn]	諺	이언 언

간체자 획수 색인표

11획

41	谜	[mí]	謎	수수께끼 미
42	谝	[piǎn]	諞	말 잘할 편
43	谎	[huǎng]	謊	잠꼬대 황
44	谌	[chén]	諶	참 심
45	谋	[móu]	謀	꾀할 모
46	谍	[dié]	諜	염탐할 첩
47	谏	[jiàn]	諫	간할 간
48	谐	[xié]	諧	화할 해
49	谑	[xuè]	謔	희롱거릴 학
50	谒	[yè]	謁	뵐 알
51	谓	[wèi]	謂	이를 위
52	谔	[è]	諤	직언할 악
53	谖	[xuān]	諼	속일 훤
54	谕	[yù]	諭	깨우칠 유
55	谗	[chán]	讒	참소할 참
56	谞	[xū]	諝	슬기 서
57	赉	[lài]	賚	줄 뢰
58	焘	[dào]	燾	덮을 도
59	琎	[jìn]	璡	옥돌 진
60	琏	[liǎn]	璉	호련 련
61	琐	[suǒ]	瑣	자질구레할 쇄
62	麸	[fū]	麩	밀기울 부
63	壶	[hú]	壺	병 호
64	悫	[què]	慤	성실할 각
65	掷	[zhì]	擲	던질 척
66	掸	[dǎn]	撣	들 탄
67	掳	[lǔ]	擄	노략질할 로
68	掴	[guāi]	摑	칠 괵
69	鸷	[zhì]	鷙	맹금 지
70	掺	[càn]	摻	섬섬할 섬
71	据	[jù]	據	의거할 거
72	掼	[guàn]	摜	던질 관
73	聍	[níng]	聹	귀지 녕
74	职	[zhí]	職	벼슬 직
75	营	[yíng]	營	경영 영
76	萤	[yíng]	螢	반딧불 형
77	萦	[yíng]	縈	얽힐 영
78	萚	[tuò]	蘀	낙엽 탁
79	萧	[xiāo]	蕭	쓸쓸할 소
80	萨	[sà]	薩	보살 살
81	勚	[yì]	勩	수고로울 예
82	检	[jiǎn]	檢	검사할 검
83	棂	[líng]	欞	격자창 령
84	梦	[mèng]	夢	꿈 몽
85	啬	[sè]	嗇	아낄 색
86	觋	[xí]	覡	박수 격
87	匮	[kuì]	匱	함 궤
88	酝	[yùn]	醞	빚을 온
89	硖	[xiá]	硤	고을이름 협
90	硕	[shuò]	碩	클 석
91	硗	[qiāo]	磽	메마른땅 교
92	硙	[wéi]	磑	쌓을 외

11획

93	硚	[qiáo]	礄	땅이름 교	119	帼	[guó]	幗	머리장식 괵
94	鸸	[ér]	鴯	제비 이	120	崭	[zhǎn]	嶄	가파를 참
95	袭	[xí]	襲	엄습할 습	121	逻	[luó]	邏	순찰할 라
96	聋	[lóng]	聾	귀머거리 롱	122	赈	[zhèn]	賑	구휼할 진
97	龚	[gōng]	龔	공손할 공	123	婴	[yīng]	嬰	두를 영
98	䴕	[liè]	鴷	딱따구리 렬	124	铵	[ǎn]	銨	암모늄 안
99	殒	[yǔn]	殞	죽을 운	125	铲	[chǎn]	鏟	깎을 산
100	殓	[liàn]	殮	염할 렴	126	铰	[jiǎo]	鉸	가위 교
101	辄	[zhé]	輒	문득 첩	127	铱	[yī]	銥	이리듐 의
102	辅	[fǔ]	輔	도울 보	128	铗	[jiá]	鋏	집게 협
103	辆	[liàng]	輛	수레 량	129	铏	[xíng]	鉶	국그릇 형
104	堑	[qiàn]	塹	구덩이 참	130	铐	[kào]	銬	쇠고랑 고
105	颅	[lú]	顱	머리뼈 로	131	铑	[lǎo]	銠	로듐 로
106	啧	[zé]	嘖	떠들썩할 책	132	铓	[máng]	鋩	칼날 망
107	啭	[zhuàn]	囀	지저귈 전	133	铒	[ěr]	鉺	갈고리 이
108	啮	[niè]	嚙	깨물 교	134	铕	[yǒu]	銪	유로퓸 유
109	啰	[luō]	囉	잔말할 라	135	铙	[náo]	鐃	징 뇨
110	啸	[xiào]	嘯	휘파람불 소	136	铛	[dāng]	鐺	쇠사슬 쟁
111	悬	[xuán]	懸	매달 현	137	铜	[tóng]	銅	구리 동
112	跃	[yuè]	躍	뛸 약	138	铝	[lǚ]	鋁	알루미늄 려
113	跄	[qiāng]	蹌	추창할 창	139	铟	[yīn]	銦	인듐 인
114	蛎	[lì]	蠣	굴조개 려	140	铠	[kǎi]	鎧	갑옷 개
115	蛏	[chēng]	蟶	긴맛 정	141	铡	[zhá]	鍘	작두 찰
116	蛊	[gǔ]	蠱	미혹할 고	142	铫	[diào]	銚	냄비 요
117	累	[lèi]	纍	밧줄 루	143	铢	[zhū]	銖	저울눈 수
118	帻	[zé]	幘	머리쓰개 책	144	铣	[xǐ]	銑	무쇠 선

간체자 획수 색인표

11획

145	铥	[diū]	銩	툴륨 주	171	衔	[xián]	銜	재갈 함
146	铤	[dìng]	鋌	쇳덩이 정	172	舻	[lú]	艫	뱃머리 로
147	铧	[huá]	鏵	삽/가래 화	173	鸼	[zhōu]	鵃	고지새 주
148	铨	[quán]	銓	저울질할 전	174	盘	[pán]	盤	소반 반
149	铩	[shā]	鎩	창 살	175	领	[lǐng]	領	거느릴 령
150	铪	[hā]	鉿	하프늄 협	176	龛	[kān]	龕	감실 감
151	铭	[míng]	銘	새길 명	177	鸽	[gē]	鴿	비둘기 합
152	铬	[gè]	鉻	깎을 락	178	脶	[luó]	腡	손금 라
153	铮	[zhēng]	錚	쇳소리 쟁	179	脸	[liǎn]	臉	얼굴 검
154	铯	[sè]	銫	세슘 색	180	猎	[liè]	獵	사냥할 렵
155	银	[yín]	銀	은 은	181	猡	[luó]	玀	종족이름 라
156	铷	[rú]	銣	루비듐 여	182	猕	[mí]	獼	원숭이 미
157	笺	[jiān]	箋	기록할 전	183	馆	[guǎn]	館	집 관
158	笼	[lóng]	籠	대바구니 롱	184	馄	[hún]	餛	떡 혼
159	笾	[biān]	籩	제기이름 변	185	馅	[xiàn]	餡	소 함
160	矫	[jiǎo]	矯	바로잡을 교	186	弹	[dàn]	彈	탄알 탄
161	鸹	[guā]	鴰	재두루미 괄	187	堕	[duò]	墮	떨어질 타
162	秽	[huì]	穢	더러울 예	188	随	[suí]	隨	따를 수
163	偻	[lóu]	僂	구부릴 루	189	隐	[yǐn]	隱	숨을 은
164	偾	[fèn]	僨	넘어질 분	190	粜	[tiào]	糶	쌀 팔 조
165	鸺	[xiū]	鵂	수리부엉이 휴	191	婶	[shěn]	嬸	숙모 심
166	偿	[cháng]	償	갚을 상	192	婵	[chán]	嬋	고울 선
167	躯	[qū]	軀	몸 구	193	婳	[huà]	嬅	안존할 획
168	皑	[ái]	皚	흴 애	194	颇	[pō]	頗	치우칠 파
169	衅	[xìn]	釁	틈 흔	195	颈	[jǐng]	頸	목 경
170	鸻	[héng]	鴴	참새 행	196	骐	[qí]	騏	준마 기

11 획

번호	중국(간체)	병음	한자(정자)	훈(뜻) 음(소리)
197	骑	[qí]	騎	말탈 기
198	骖	[cān]	驂	곁마 참
199	综	[zōng]	綜	모을 종
200	绽	[zhàn]	綻	옷터질 탄
201	绾	[wǎn]	綰	맬 관
202	绻	[quǎn]	綣	정다울 권
203	绩	[jī]	績	길쌈 적
204	绪	[xù]	緒	실마리 서
205	绫	[líng]	綾	비단 릉
206	续	[xù]	續	이을 속
207	绮	[qǐ]	綺	고울 기
208	绯	[fēi]	緋	비단 비
209	绰	[chuò]	綽	너그러울 작
210	绲	[gǔn]	緄	띠 곤
211	绳	[shéng]	繩	노끈 승
212	绶	[shòu]	綬	인끈 수
213	维	[wéi]	維	맬 유
214	绵	[mián]	綿	솜 면
215	绷	[běng]	繃	묶을 붕
216	绸	[chóu]	綢	얽을 주
217	绺	[liǔ]	綹	실타래 류
218	绿	[lǜ]	綠	초록빛 록
219	缀	[zhuì]	綴	꿰맬 철
220	缁	[zī]	緇	검을 치

12 획

번호	중국(간체)	병음	한자(정자)	훈(뜻) 음(소리)
1	湾	[wān]	灣	물굽이 만
2	溇	[lóu]	漊	강이름 루
3	滞	[zhì]	滯	막힐 체
4	湿	[shī]	濕	젖을 습
5	溃	[kuì]	潰	무너질 궤
6	溅	[jiàn]	濺	흩뿌릴 천
7	喾	[kù]	嚳	고할 곡
8	窜	[cuàn]	竄	숨을 찬
9	窝	[wō]	窩	움집 와
10	亵	[xiè]	褻	더러울 설
11	装	[zhuāng]	裝	꾸밀 장
12	蛮	[mán]	蠻	오랑캐 만
13	脔	[luán]	臠	여윌 련
14	痫	[xián]	癇	간질 간
15	痨	[láo]	癆	폐결핵 로
16	赓	[gēng]	賡	이을 갱
17	颏	[kē]	頦	턱 해
18	愤	[fèn]	憤	분할 분
19	愦	[kuì]	憒	심란할 궤
20	阔	[kuò]	闊	넓을 활
21	阑	[lán]	闌	가로막을 란
22	阕	[què]	闋	끝날 결
23	鹇	[xián]	鷴	백한 한
24	粪	[fèn]	糞	똥 분
25	鹈	[tí]	鵜	사다새 제

간체자 획수 색인표

12획

26	裤	[kù]	褲	바지	고
27	裢	[lián]	褳	전대	련
28	谤	[bàng]	謗	헐뜯을	방
29	谥	[shì]	諡	시호	시
30	谦	[qiān]	謙	겸손할	겸
31	谧	[mì]	謐	고요할	밀
32	谟	[mó]	謨	꾀	모
33	谠	[dǎng]	讜	직언	당
34	谣	[yáo]	謠	노래	요
35	谢	[xiè]	謝	사례할	사
36	颊	[jiá]	頰	뺨	협
37	雳	[lì]	靂	벼락	력
38	琼	[qióng]	瓊	옥	경
39	辇	[niǎn]	輦	끌	련
40	鼋	[yuán]	黿	자라	원
41	鹁	[bó]	鵓	집비둘기	발
42	趋	[qū]	趨	달릴	추
43	颉	[jié]	頡	곧은 목	힐
44	搅	[jiǎo]	攪	어지러울	교
45	搁	[gē]	擱	놓을	각
46	搂	[lōu]	摟	안을	루
47	揽	[lǎn]	攬	주관할	람
48	揿	[qìn]	撳	누를	흠
49	搀	[chān]	攙	찌를	참
50	蛰	[zhé]	蟄	숨을	칩
51	絷	[zhí]	縶	맬	집
52	蒋	[jiāng]	蔣	성	장
53	蒌	[lóu]	蔞	산쑥	루
54	蒇	[chǎn]	蕆	갖출	천
55	篑	[kuì]	簣	삼태기	궤
56	联	[lián]	聯	연이을	련
57	椟	[dú]	櫝	함	독
58	椤	[luó]	欏	돌배나무	라
59	椭	[tuǒ]	橢	길쭉할	타
60	韩	[hán]	韓	나라이름	한
61	觌	[dí]	覿	볼	적
62	鹂	[lí]	鸝	꾀꼬리	리
63	硷	[jiǎn]	鹼	소금기	감
64	确	[què]	確	굳을/진실할	확
65	詟	[zhé]	讋	두려워할	섭
66	殚	[dān]	殫	다할	탄
67	辊	[gǔn]	輥	롤러	곤
68	辋	[wǎng]	輞	바퀴테	망
69	辙	[zhé]	轍	바퀏자국	철
70	辎	[zī]	輜	짐수레	치
71	椠	[qiàn]	槧	판	참
72	暂	[zàn]	暫	잠깐	잠
73	翘	[qiào]	翹	들	교
74	赏	[shǎng]	賞	상줄	상
75	辉	[huī]	輝	빛날	휘
76	辈	[bèi]	輩	무리	배
77	凿	[záo]	鑿	뚫을	착

12 획

78	睐	[lài]	睞	곁눈질할 래	104	锒	[láng]	鋃	쇠사슬 랑
79	睑	[jiǎn]	瞼	눈꺼풀 검	105	铼	[lái]	錸	레늄 래
80	喽	[lóu]	嘍	도둑 루	106	铽	[tè]	鋱	테르븀 특
81	喷	[pēn]	噴	뿜을 분	107	铸	[zhù]	鑄	불릴 주
82	鹃	[juān]	鵑	두견새 견	108	铹	[láo]	鐒	로렌슘 로
83	畴	[chóu]	疇	무리 주	109	铺	[pù]	鋪	펼/가게 포
84	践	[jiàn]	踐	밟을 천	110	链	[liàn]	鏈	쇠사슬 련
85	遗	[yí]	遺	보낼 유	111	锃	[zèng]	鋥	칼날 세울 정
86	跻	[jī]	躋	오를 제	112	锅	[guō]	鍋	냄비 과
87	蛱	[jiá]	蛺	나비 협	113	锄	[chú]	鋤	없앨 서
88	蛲	[náo]	蟯	요충 요	114	锂	[lǐ]	鋰	리튬 리
89	蛳	[sī]	螄	고둥 사	115	锆	[gào]	鋯	지르코늄 고
90	嵝	[lǒu]	嶁	봉우리 루	116	锈	[xiù]	銹	녹슬 수
91	嵘	[róng]	嶸	가파를 영	117	锉	[cuò]	銼	가마/줄 좌
92	嵚	[qīn]	嶔	우뚝솟을 금	118	锋	[fēng]	鋒	칼날 봉
93	赔	[péi]	賠	물어줄 배	119	锓	[qǐn]	鋟	새길 침
94	赕	[dǎn]	賧	속바칠 탐	120	锔	[jū]	鋦	꺾쇠 국
95	赋	[fù]	賦	줄 부	121	锕	[ā]	錒	악티늄 아
96	赌	[dǔ]	賭	내기 도	122	牍	[dú]	牘	문서 독
97	赎	[shú]	贖	속바칠 속	123	释	[shì]	釋	풀 석
98	赐	[cì]	賜	줄 사	124	筑	[zhù]	築	쌓을 축
99	赒	[zhōu]	賙	진휼할 주	125	筚	[bì]	篳	울타리 필
100	锌	[xīn]	鋅	아연 자	126	筛	[shāi]	篩	체 사
101	锎	[kāi]	鐦	칼리포르늄 개	127	犊	[dú]	犢	송아지 독
102	锐	[ruì]	銳	날카로울 예	128	鹄	[gǔ]	鵠	고니 곡
103	锑	[tī]	銻	안티몬 제	129	鹅	[é]	鵝	거위 아

간체자 획수 색인표

12획

130	颋	[tīng]	頲	곧을 정		156	鸷	[zhì]	鷙	정할 즐
131	傧	[bīn]	儐	인도할 빈		157	骗	[piàn]	騙	속일 편
132	储	[chǔ]	儲	쌓을 저		158	骚	[sāo]	騷	떠들 소
133	傥	[tǎng]	儻	갑자기 당		159	缔	[dì]	締	맺을 체
134	傩	[nuó]	儺	푸닥거리 나		160	缕	[lǚ]	縷	상세히 루
135	惩	[chéng]	懲	징계할 징		161	编	[biān]	編	엮을 편
136	御	[yù]	禦	막을 어		162	缂	[kè]	緙	꿰맬 격
137	颌	[hé]	頜	턱 합		163	缃	[xiāng]	緗	담황색 상
138	鹆	[yù]	鵒	구관조 욕		164	缄	[jiān]	緘	봉할 함
139	腊	[là]	臘	납향 랍		165	缅	[miǎn]	緬	멀 면
140	腘	[guó]	膕	오금 괵		166	缆	[lǎn]	纜	닻줄 람
141	鲂	[fáng]	魴	방어 방		167	缇	[tí]	緹	붉을 제
142	鱿	[yóu]	魷	오징어 우		168	缈	[miǎo]	緲	아득할 묘
143	鲁	[lǔ]	魯	노둔할 로		169	缉	[qī]	緝	꿰맬 집
144	觞	[shāng]	觴	잔 상		170	缊	[yūn]	縕	어지러울 온
145	颍	[yǐng]	潁	강이름 영		171	缌	[sī]	緦	삼베 시
146	飓	[jù]	颶	구풍 구		172	缓	[huǎn]	緩	느릴 완
147	惫	[bèi]	憊	고단할 비		173	缎	[duàn]	緞	비단 단
148	馈	[kuì]	饋	먹일 궤		174	缑	[gōu]	緱	칼자루 감을 구
149	馊	[sōu]	餿	쉴 수		175	缒	[zhuì]	縋	매달 추
150	馋	[chán]	饞	탐할 참		176	缗	[mín]	緡	낚싯줄 민
151	毵	[sān]	毿	털길 삼		177	缘	[yuán]	緣	인연 연
152	翚	[huī]	翬	꿩 휘		178	飨	[xiǎng]	饗	대접할 향
153	骛	[wù]	騖	달릴 무						
154	屡	[lǚ]	屢	여러 루						
155	属	[shǔ]	屬	이을 촉						

13획

번호	중국(간체)	병음	한자(정자)	훈(뜻) 음(소리)
1	滨	[bīn]	濱	근접할 빈
2	滦	[luán]	灤	물이름 란
3	漓	[lí]	灕	스며들 리
4	滟	[yàn]	灧	출렁거릴 염
5	滠	[shè]	灄	강이름 섭
6	满	[mǎn]	滿	찰 만
7	滥	[làn]	濫	넘칠 람
8	滗	[bì]	潷	거를 필
9	滪	[yù]	澦	강이름 예
10	滩	[tān]	灘	여울 탄
11	誉	[yù]	譽	명예 예
12	鲎	[hòu]	鱟	무지개 후
13	寝	[qǐn]	寢	잘 침
14	骞	[qiān]	騫	허물 건
15	窥	[kuī]	窺	엿볼 규
16	窦	[dòu]	竇	구멍 두
17	酱	[jiàng]	醬	장 장
18	鹑	[chún]	鶉	메추라기 순
19	瘅	[dān]	癉	앓을 단
20	瘆	[shèn]	瘮	놀라게할 참
21	鹒	[gēng]	鶊	꾀꼬리 경
22	慑	[shè]	懾	두려워할 섭
23	阙	[quē]	闕	대궐 궐
24	阖	[hé]	闔	온통 합
25	阗	[tián]	闐	성할 전
26	誊	[téng]	謄	베낄 등
27	粮	[liáng]	糧	양식 량
28	数	[shù]	數	셈 수
29	谪	[zhé]	謫	꾸짖을 적
30	谫	[jiǎn]	譾	얕을 전
31	谨	[jǐn]	謹	삼갈 근
32	谩	[mán]	謾	속일 만
33	谬	[miù]	謬	그릇될 류
34	雾	[wù]	霧	안개 무
35	耢	[lào]	耮	고무래 로
36	鹉	[wǔ]	鵡	앵무새 무
37	鹃	[jīng]	鶄	푸른백로 청
38	骜	[ào]	驁	깔볼 오
39	韫	[yùn]	韞	감출 온
40	毂	[gǔ]	轂	모을 곡
41	赪	[chēng]	赬	붉을 정
42	摈	[bìn]	擯	물리칠 빈
43	摄	[shè]	攝	대신할 섭
44	摅	[shū]	攄	펼 터
45	摆	[bǎi]	擺	흔들 파
46	摊	[tān]	攤	펼 탄
47	鹊	[què]	鵲	까치 작
48	蒙	[méng]	矇	소경 몽
49	蒙	[méng]	濛	가랑비올 몽
50	蓝	[lán]	藍	쪽 람
51	蓦	[mò]	驀	갑자기 맥

간체자 획수 색인표

13획

52	蓟	[jì]	薊	엉겅퀴 계	78	跻	[jī]	躋	오를 제
53	蓣	[yù]	蕷	마 여	79	跷	[qiāo]	蹺	발돋움할 교
54	颐	[yí]	頤	기를 이	80	跸	[bì]	蹕	벽제할 필
55	献	[xiàn]	獻	드릴 헌	81	跹	[xiān]	躚	춤출 선
56	榉	[jǔ]	欅	느티나무 거	82	蜗	[wō]	蝸	달팽이 와
57	榇	[chèn]	櫬	널 츤	83	赗	[fèng]	賵	부의 봉
58	榈	[lú]	櫚	종려나무 려	84	锭	[dìng]	錠	덩이 정
59	楼	[lóu]	樓	다락 루	85	锫	[péi]	錇	장구 부
60	榄	[lǎn]	欖	감람나무 람	86	锗	[zhě]	鍺	게르마늄 타
61	赖	[lài]	賴	의뢰할 뢰	87	错	[cuò]	錯	섞일 착
62	碛	[qì]	磧	서덜 적	88	锘	[nuò]	鍩	노벨륨 첨
63	碍	[ài]	礙	거리낄 애	89	锚	[máo]	錨	닻 묘
64	碜	[chěn]	磣	모래섞일 참	90	锛	[bēn]	錛	자귀 분
65	鹌	[ān]	鵪	메추라기 암	91	锝	[dé]	鍀	테크네튬 득
66	辏	[còu]	輳	모일 주	92	锟	[kūn]	錕	붉을쇠 곤
67	辑	[jí]	輯	모을 집	93	锡	[xī]	錫	주석 석
68	输	[shū]	輸	나를 수	94	锢	[gù]	錮	가둘 고
69	频	[pín]	頻	자주 빈	95	锣	[luó]	鑼	징 라
70	龃	[jǔ]	齟	어긋날 저	96	锤	[chuí]	錘	망치 추
71	龄	[líng]	齡	나이 령	97	锦	[jǐn]	錦	비단 금
72	龅	[bāo]	齙	엄니 포	98	键	[jiàn]	鍵	열쇠 건
73	龆	[tiáo]	齠	이 갈 초	99	锯	[jù]	鋸	톱 거
74	鉴	[jiàn]	鑒	거울 감	100	锰	[měng]	錳	망간 맹
75	韪	[wěi]	韙	옳을 위	101	简	[jiǎn]	簡	대쪽 간
76	嗫	[niè]	囁	소곤거릴 섭	102	筹	[chóu]	籌	계획할 주
77	嗳	[āi]	噯	숨 애	103	签	[qiān]	簽	서명할 첨

13획

번호	중국(간체)	병음	한자(정자)	훈(뜻) 음(소리)
104	签	[qiān]	籤	제비 첨
105	辞	[cí]	辭	말씀 사
106	颓	[tuí]	頹	무너질 퇴
107	颔	[hàn]	頷	턱 함
108	觎	[yú]	覦	넘겨다볼 유
109	腾	[téng]	騰	오를 등
110	腻	[nì]	膩	기름질 니
111	鹏	[péng]	鵬	붕새 붕
112	鲆	[píng]	鮃	넙치 평
113	鲅	[bà]	鮁	헤엄칠 발
114	鲇	[nián]	鮎	메기 점
115	鲈	[lú]	鱸	농어 로
116	鲊	[zhǎ]	鮓	생선젓 자
117	稣	[sū]	穌	깨어날 소
118	鲋	[fù]	鮒	붕어 부
119	鲍	[bào]	鮑	전복 포
120	鲐	[tái]	鮐	복어 태
121	颖	[yǐng]	穎	빼어날 영
122	飔	[sī]	颸	빠른바람 시
123	飕	[sōu]	颼	바람소리 수
124	触	[chù]	觸	닿을 촉
125	雏	[chú]	雛	최초 추
126	馐	[xiū]	饈	드릴 수
127	馎	[bó]	餺	떡 박
128	馏	[liú]	餾	시루 류
129	辟	[pì]	闢	열 벽
130	嫔	[pín]	嬪	아내 빈
131	嫒	[ài]	嬡	여자 애
132	骟	[shàn]	騸	불깔 선
133	缤	[bīn]	繽	어지러울 빈
134	缞	[cuī]	縗	상복이름 최
135	缟	[gǎo]	縞	명주 호
136	缠	[chán]	纏	얽힐 전
137	缡	[lí]	縭	신꾸미개 리
138	缢	[yì]	縊	목맬 액
139	缣	[jiān]	縑	합사비단 겸
140	缙	[jìn]	縉	붉을비단 진
141	缜	[zhěn]	縝	찬찬할 진
142	缚	[fù]	縛	묶을 박
143	缛	[rù]	縟	번다할 욕
144	缝	[fèng]	縫	꿰멜 봉
145	辔	[pèi]	轡	고삐 비

14획

번호	중국(간체)	병음	한자(정자)	훈(뜻) 음(소리)
1	潇	[xiāo]	瀟	강이름 소
2	潋	[liàn]	瀲	넘칠 렴
3	潍	[wéi]	濰	강이름 유
4	赛	[sài]	賽	겨룰 새
5	窭	[jù]	窶	가난할 구
6	銮	[luán]	鑾	방울 란

간체자 획수 색인표

14획

7	瘗	[yì]	瘞	묻을 예	33	蔹	[liǎn]	蘞	거지덩굴 렴
8	瘘	[lòu]	瘻	부스럼 루	34	鹕	[hú]	鶘	사다새 호
9	阚	[hǎn]	闞	바라볼 감	35	槟	[bīn]	檳	빈랑나무 빈
10	鲞	[xiǎng]	鯗	건어물 상	36	槠	[zhū]	櫧	종가시나무 저
11	糁	[sǎn]	糝	나물죽 삼	37	槚	[jiǎ]	檟	개오동나무 가
12	鹚	[cí]	鶿	가마우지 자	38	槛	[kǎn]	檻	난간 함
13	褛	[lū]	褸	남루할 루	39	酿	[niàng]	釀	술빚을 양
14	㾾	[kuì]	襀	끈 괴	40	酽	[yàn]	釅	진할 엄
15	谰	[lán]	讕	헐뜯을 란	41	殡	[bìn]	殯	빈소 빈
16	谱	[pǔ]	譜	악보 보	42	愿	[yuàn]	願	원할 원
17	谭	[tán]	譚	이야기 담	43	辖	[xiá]	轄	다스릴 할
18	谮	[zèn]	譖	헐뜯을 참	44	辕	[yuán]	轅	끌채 원
19	谯	[qiáo]	譙	꾸짖을 초	45	辗	[niǎn]	輾	돌 전
20	谲	[jué]	譎	속일 휼	46	龇	[zī]	齜	이드러낼 재
21	霁	[jì]	霽	갤 제	47	龈	[kěn]	齦	깨물 간
22	瑷	[ài]	璦	아름다운옥 애	48	瞜	[lōu]	瞜	볼 루
23	赘	[zhuì]	贅	군더더기 췌	49	鹝	[jú]	鶪	때까치 격
24	觏	[gòu]	覯	만날 구	50	颗	[kē]	顆	낟알 과
25	韬	[tāo]	韜	감출 도	51	嘤	[yīng]	嚶	새소리 앵
26	叆	[ài]	靉	구름낄 애	52	蝉	[chán]	蟬	매미 선
27	墙	[qiáng]	牆	담 장	53	蜡	[là]	蠟	밀 랍
28	撄	[yīng]	攖	얽힐 영	54	蝈	[guō]	蟈	청개구리 괵
29	蔺	[lìn]	藺	골풀 린	55	蝇	[yíng]	蠅	파리 승
30	蔼	[ǎi]	藹	온화할 애	56	踌	[chóu]	躊	머뭇거릴 주
31	蔷	[qiáng]	薔	장미 장	57	踊	[yǒng]	踴	뛸 용
32	蔑	[miè]	衊	없을 멸	58	鹖	[hé]	鶡	산새이름 할

14 획

59	鹗	[è]	鶚	물수리 악	85	箓	[lù]	籙	비문 록
60	罴	[pí]	羆	큰곰 비	86	箫	[xiāo]	簫	통소 소
61	赚	[zhuàn]	賺	속일 잠	87	鹙	[qiū]	鶖	무수리 추
62	赙	[fù]	賻	부의 부	88	稳	[wěn]	穩	평온할 온
63	罂	[yīng]	罌	양병 앵	89	舆	[yú]	輿	많을 여
64	鹘	[gǔ]	鶻	산비둘기 골	90	膑	[bìn]	臏	종지뼈 빈
65	锵	[qiāng]	鏘	금옥소리 장	91	鲚	[jì]	鱭	갈치 제
66	镀	[dù]	鍍	도금할 도	92	鲛	[jiāo]	鮫	상어 교
67	镁	[měi]	鎂	마그네슘 미	93	鲜	[xiān]	鮮	고울 선
68	镂	[lòu]	鏤	새길 루	94	鲑	[guī]	鮭	복어 해
69	镃	[zī]	鎡	호미 자	95	鲒	[jié]	鮚	대합 길
70	锲	[qiè]	鍥	새길 계	96	鲔	[wěi]	鮪	다랑어 유
71	锴	[kǎi]	鍇	쇠 개	97	鲷	[diāo]	鯛	도미 조
72	锶	[sī]	鍶	스트론튬 송	98	鲗	[zéi]	鰂	오징어 즉
73	锷	[è]	鍔	칼날 악	99	鲙	[kuài]	鱠	회 회
74	锾	[huán]	鍰	고리 환	100	鲟	[xún]	鱘	철갑상어 심
75	锹	[qiāo]	鍬	가래 초	101	馑	[jǐn]	饉	주릴 근
76	锻	[duàn]	鍛	단조할 단	102	馒	[mán]	饅	만두 만
77	锼	[sōu]	鎪	아로새길 수	103	鹜	[wù]	鶩	집오리 목
78	锸	[chā]	鍤	가래 삽	104	鹛	[méi]	鶥	왜가리 미
79	镄	[fèi]	鐨	페르뮴 비	105	嫱	[qiáng]	嬙	궁녀 장
80	箪	[dān]	簞	소쿠리 단	106	骠	[biāo]	驃	날랠 표
81	箦	[zé]	簀	대자리 책	107	骡	[luó]	騾	노새 라
82	箧	[qiè]	篋	상자 협	108	骢	[cōng]	驄	총이말 총
83	箨	[tuò]	籜	대껍질 탁	109	缩	[suō]	縮	줄일 축
84	箩	[luó]	籮	키 라	110	缥	[piāo]	縹	옥색 표

간체자 획수 색인표

14획

번호	중국(간체)	병음	한자(정자)	훈(뜻) 음(소리)
111	缦	[màn]	縵	무늬없는비단 만
112	缧	[léi]	縲	포승 류
113	缨	[yīng]	纓	갓끈 영
114	缪	[móu]	繆	얽을 무
115	缫	[sāo]	繅	고치켤 소

15획

번호	중국(간체)	병음	한자(정자)	훈(뜻) 음(소리)
1	鲨	[shā]	鯊	모래무지 사
2	澜	[lán]	瀾	물결 란
3	额	[é]	額	이마 액
4	颜	[yán]	顔	얼굴 안
5	瘪	[biě]	癟	오그라들 별
6	瘫	[tān]	癱	중풍 탄
7	齑	[jī]	齏	부술 제
8	鹣	[jiān]	鶼	비익조 겸
9	褴	[lán]	襤	누더기 람
10	鹤	[hè]	鶴	학 학
11	谳	[yàn]	讞	평의할 언
12	谴	[qiǎn]	譴	꾸짖을 견
13	谵	[zhān]	譫	헛소리 섬
14	霉	[méi]	黴	곰팡이 미
15	耧	[lóu]	耬	씨뿌리는기구 루
16	璎	[yīng]	瓔	옥돌 영
17	叇	[dài]	靆	구름낄 체
18	撺	[cuān]	攛	던질 찬
19	撵	[niǎn]	攆	쫓을 련
20	撷	[xié]	擷	캘 힐
21	聪	[cōng]	聰	총명할 총
22	聩	[kuì]	聵	귀머거리 외
23	觐	[jìn]	覲	뵐 근
24	鞑	[dá]	韃	종족이름 달
25	鞒	[qiáo]	鞽	신 교
26	蕲	[qí]	蘄	풀이름 근
27	蕴	[yùn]	蘊	쌓을 온
28	赜	[zé]	賾	깊을 색
29	樯	[qiáng]	檣	돛대 장
30	樱	[yīng]	櫻	앵두나무 앵
31	飘	[piāo]	飄	나부낄 표
32	靥	[yè]	靨	보조개 엽
33	魇	[yǎn]	魘	잠꼬대할 염
34	餍	[yàn]	饜	포식할 염
35	辘	[lù]	轆	도르래 록
36	龉	[yǔ]	齬	어긋날 어
37	龊	[chuò]	齪	악착할 착
38	觑	[qù]	覷	엿볼 처
39	瞒	[mán]	瞞	속일 만
40	题	[tí]	題	이마 제
41	颙	[yóng]	顒	엄숙할 옹
42	噜	[lū]	嚕	이야기할 로
43	嘱	[zhǔ]	囑	부탁할 촉

15획

번호	중국(간체)	병음	한자(정자)	훈(뜻) 음(소리)
44	蝼	[lóu]	螻	땅강아지 루
45	蝾	[róng]	蠑	영원 영
46	踯	[zhí]	躑	머뭇거릴 척
47	踬	[zhì]	躓	넘어질 지
48	颛	[zhuān]	顓	오로지 전
49	镓	[jiā]	鎵	갈륨 가
50	镔	[bīn]	鑌	강철 빈
51	镑	[bàng]	鎊	깎을 방
52	镐	[gǎo]	鎬	호경 호
53	镒	[yì]	鎰	중량단위 일
54	镊	[niè]	鑷	족집게 섭
55	镇	[zhèn]	鎭	진압할 진
56	镉	[gé]	鎘	카드뮴 가
57	镗	[tǎng]	钂	창 당
58	镌	[juān]	鐫	새길 전
59	镍	[niè]	鎳	니켈 얼
60	蒌	[lóu]	蔞	대농 루
61	篑	[kuì]	簣	삼태기 궤
62	鹡	[jí]	鶺	할미새 척
63	鳇	[huàn]	鯇	산천어 혼
64	鲠	[gěng]	鯁	바를 경
65	鲡	[lí]	鱺	뱀장어 리
66	鲢	[lián]	鰱	연어 련
67	鲣	[jiān]	鰹	가물치 견
68	鲥	[shí]	鰣	준치 시
69	鲤	[lǐ]	鯉	잉어 리
70	鲦	[tiáo]	鰷	피라미 조
71	鲧	[gǔn]	鯀	곤어 곤
72	鲫	[jì]	鯽	붕어 즉
73	馔	[zhuàn]	饌	음식 찬
74	屦	[jù]	屨	신 구
75	缮	[shàn]	繕	베낄 선
76	缯	[zēng]	繒	주살 증
77	缬	[xié]	纈	홀치기염색 힐
78	缭	[liáo]	繚	감길 료

16획

번호	중국(간체)	병음	한자(정자)	훈(뜻) 음(소리)
1	濑	[lài]	瀨	여울 뢰
2	濒	[bīn]	瀕	물가 빈
3	黉	[hóng]	黌	학교 횡
4	辩	[biàn]	辯	말잘할 변
5	瘿	[yǐng]	癭	혹 영
6	瘾	[yǐn]	癮	중독 은
7	鹧	[zhè]	鷓	자고 자
8	斓	[lán]	斕	문채 란
9	懒	[lǎn]	懶	게으를 라
10	擞	[sǒu]	擻	버릴 수
11	颞	[niè]	顳	관자놀이 섭
12	薮	[sǒu]	藪	늪 수
13	颟	[mān]	顢	얼굴클 만

간체자 획수 색인표

16 획

14	颠	[diān]	顛	정수리 전
15	橹	[lǔ]	櫓	방패 로
16	橼	[yuán]	櫞	구연 연
17	鹥	[yī]	鷖	갈매기 예
18	赝	[yàn]	贋	거짓 안
19	飙	[biāo]	飆	폭풍 표
20	豮	[fén]	豶	불깐돼지 분
21	辙	[zhé]	轍	바큇자국 철
22	辚	[lín]	轔	밟을 린
23	錾	[zàn]	鏨	끌 참
24	鹾	[cuó]	鹺	소금 차
25	赠	[zèng]	贈	줄 증
26	鹦	[yīng]	鸚	앵무새 앵
27	镜	[jìng]	鏡	거울 경
28	镝	[dī]	鏑	화살촉 적
29	镛	[yōng]	鏞	종 용
30	镞	[zú]	鏃	살촉 촉
31	镯	[zhuō]	鐯	파낼 작
32	镖	[biāo]	鏢	칼끝 표
33	镗	[tāng]	鏜	종고소리 당
34	镘	[màn]	鏝	흙손 만
35	镚	[bèng]	鏰	동전 봉
36	篱	[lí]	籬	울타리 리
37	篮	[lán]	籃	바구니 람
38	氇	[lu]	氌	모직물 로
39	赞	[zàn]	贊	기릴 찬
40	魉	[liǎng]	魎	도깨비 량
41	鲸	[jīng]	鯨	고래 경
42	鲭	[qīng]	鯖	청어 정
43	鲮	[líng]	鯪	천산갑 릉
44	鲰	[zōu]	鯫	작을 추
45	鲱	[fēi]	鯡	청어 비
46	鲲	[kūn]	鯤	곤이 곤
47	鲳	[chāng]	鯧	병어 창
48	鲵	[ní]	鯢	도롱뇽 예
49	鲶	[nián]	鯰	메기 염
50	鲷	[diāo]	鯛	도미 조
51	鲻	[zī]	鯔	숭어 치
52	獭	[tǎ]	獺	수달 달
53	鹨	[liù]	鷚	종달새 류
54	颡	[sǎng]	顙	이마 상
55	缰	[jiāng]	繮	고삐 강
56	缱	[qiǎn]	繾	곡진할 견
57	缲	[qiāo]	繰	고치켤 소
58	缳	[huán]	繯	맬 현
59	缴	[jiǎo]	繳	주살 작

17 획

번호	중국(간체)	병음	한자(정자)	훈(뜻) 음(소리)
1	懑	[mèn]	懣	번민할 만
2	辫	[biàn]	辮	땋을 변

17 획

번호	중국(간체)	병음	한자(정자)	훈(뜻) 음(소리)
3	鹫	[jiù]	鷲	독수리 취
4	赢	[yíng]	贏	남을 영
5	藓	[xiǎn]	蘚	이끼 선
6	鹩	[liáo]	鷯	뱁새 료
7	龋	[qǔ]	齲	충치 우
8	龌	[wò]	齷	악착할 악
9	瞩	[zhǔ]	矚	볼 촉
10	蹒	[pán]	蹣	비틀거릴 반
11	蹑	[niè]	躡	밟을 섭
12	蟏	[xiāo]	蠨	갈거미 소
13	羁	[jī]	羈	굴레 기
14	赡	[shàn]	贍	넉넉할 섬
15	镦	[duì]	鐓	창고달 대
16	镧	[lán]	鑭	란타늄 란
17	镨	[pǔ]	鐯	모포 보
18	镣	[liào]	鐐	족쇄 료
19	锵	[qiāng]	鎞	돈 강
20	镫	[dèng]	鐙	등불 등
21	簖	[duàn]	籪	통발 단
22	鳊	[biān]	鯿	방어 편
23	鰆	[chūn]	鰆	삼치 춘
24	鲽	[dié]	鰈	가자미 접
25	鲿	[cháng]	鱨	자가사리 상
26	鳃	[sāi]	鰓	아가미 새
27	鳁	[wēn]	鰛	정어리 온
28	鳄	[è]	鰐	악어 악
29	鳅	[qiū]	鰍	미꾸라지 추
30	鳆	[fù]	鰒	전복 복
31	鳇	[huáng]	鰉	철갑상어 황
32	鹬	[yù]	鷸	도요새 휼
33	骤	[zhòu]	驟	달릴 취

18 획

번호	중국(간체)	병음	한자(정자)	훈(뜻) 음(소리)
1	鹯	[zhān]	鸇	송골매 전
2	癞	[lài]	癩	문둥병 라
3	鹰	[yīng]	鷹	매 응
4	辗	[chǎn]	囅	웃는모양 천
5	讌	[yàn]	讌	잔치 연
6	鳌	[áo]	鰲	자라 오
7	鞯	[jiān]	韉	언치 천
8	厣	[yǎn]	魘	검정사마귀 염
9	颢	[hào]	顥	클 호
10	鹭	[lù]	鷺	백로 로
11	嚣	[xiāo]	囂	들렐 효
12	髅	[lóu]	髏	해골 루
13	镱	[yì]	鐿	이테르븀 의
14	镰	[lián]	鎌	낫 겸
15	镭	[léi]	鐳	병 뢰
16	镬	[huò]	鑊	가마솥 확
17	镮	[huán]	鐶	고리 환

간체자 획수 색인표

18획

번호	중국(간체)	병음	한자(정자)	훈(뜻) 음(소리)
18	镯	[zhuó]	鐲	징 탁
19	雠	[chóu]	讎	원수 수
20	鲽	[jiān]	鰜	가자미 겸
21	鳍	[qí]	鰭	지느러미 기
22	鳎	[tǎ]	鰨	가자미 탑
23	鳏	[guān]	鰥	홀아비 환

19획

번호	중국(간체)	병음	한자(정자)	훈(뜻) 음(소리)
1	颤	[chàn]	顫	떨 전
2	癣	[xuǎn]	癬	옴 선
3	谶	[chèn]	讖	예언 참
4	霭	[ǎi]	靄	아지랑이 애
5	攒	[zǎn]	攢	모일 찬
6	鳖	[biē]	鱉	자라 별
7	蹿	[cuān]	躥	뛸 찬
8	巅	[diān]	巔	산꼭대기 전
9	髋	[kuān]	髖	엉덩이뼈 관
10	髌	[bìn]	髕	종지뼈 빈
11	镲	[chǎ]	鑔	동발 찰
12	籁	[lài]	籟	소리 뢰
13	鳘	[mǐn]	鰵	대구 민
14	鳕	[xuě]	鱈	대구 설
15	鳓	[lè]	鰳	준치 륵
16	鳔	[biào]	鰾	부레 표
17	鳗	[mán]	鰻	뱀장어 만
18	鳛	[xí]	鰼	미꾸라지 습
19	骥	[jì]	驥	천리마 기
20	缵	[zuǎn]	纘	이을 찬

20획

번호	중국(간체)	병음	한자(정자)	훈(뜻) 음(소리)
1	颥	[rú]	顬	관자놀이 유
2	瓒	[zàn]	瓚	제기 찬
3	鬓	[bìn]	鬢	살쩍 빈
4	鼍	[tuó]	鼉	악어 타
5	黩	[dú]	黷	더럽힐 독
6	镳	[biāo]	鑣	재갈 표
7	镴	[là]	鑞	땜납 랍
8	鳝	[shàn]	鱔	드렁허리 선
9	鳞	[lín]	鱗	비늘 린
10	鳟	[zūn]	鱒	송어 준
11	鳜	[guì]	鱖	쏘가리 궐
12	骧	[xiāng]	驤	달릴 양

21획

번호	중국(간체)	병음	한자(정자)	훈(뜻) 음(소리)
1	灏	[hào]	灝	넓을 호
2	赣	[gàn]	贛	강이름 감
3	癫	[diān]	癲	미칠 전
4	颦	[pín]	顰	찡그릴 빈
5	躏	[lìn]	躪	짓밟을 린
6	鳣	[zhān]	鱣	철갑상어 전
7	鳢	[lǐ]	鱧	가물치 례

22획

번호	중국(간체)	병음	한자(정자)	훈(뜻) 음(소리)
1	鹳	[guàn]	鸛	황새 관
2	镶	[xiāng]	鑲	끼울 양

23획

번호	중국(간체)	병음	한자(정자)	훈(뜻) 음(소리)
1	趱	[zǎn]	趲	서두를 찬
2	颧	[quán]	顴	광대뼈 관
3	躜	[zuān]	躦	치솟을 찬

25획

번호	중국(간체)	병음	한자(정자)	훈(뜻) 음(소리)
1	戆	[gàng]	戇	어리석을 당
2	镬	[jué]	钁	괭이 곽
3	饷	[xiāng]	饟	군량 양

03 중·고등 교육용 한자 1,800字 中 간화자 비교(변형자 636字)

우리나라 교육용(教育用) 한자(漢字) 1,800字를 간화자(簡化字)와 비교하여 보면, 636字가 다른 형태로 되어 있고, 그 중 자형(字形)이 비슷하여 식별(識別)이 가능한 것은 426字, 한국인(韓國人)으로서 식별(識別)하기 어려운 것은 210字이다. 그것을 도표로 보이면 다음과 같다.

◆ : 識別可能한 變形字 426字
◇ : 識別이 어려운 變形字 210字
( )안의 字는 簡化字 <가나다順>

◇가 價(价)	◆각 覺(觉)	◆각 閣(阁)	◆각 角(角)	◆간 簡(简)	◇간 姦(奸)	◇간 幹(干)
◇간 懇(恳)	◆간 間(间)	◇감 鑑(鉴)	◆감 監(监)	◆감 減(减)	◆강 鋼(钢)	◆강 綱(纲)
◆강 剛(刚)	◇강 講(讲)	◆개 慨(慨)	◆개 概(概)	◆개 蓋(盖)	◇개 個(个)	◇개 開(开)
◇거 據(据)	◆거 車(车)	◆거 擧(举)	◆걸 傑(杰)	◆검 劍(剑)	◆검 儉(俭)	◆검 檢(检)
◇격 擊(击)	◆견 見(见)	◆견 堅(坚)	◆결 決(决)	◆결 結(结)	◆결 潔(洁)	◆겸 謙(谦)
◆경 鏡(镜)	◆경 傾(倾)	◆경 徑(径)	◆경 頃(顷)	◆경 驚(惊)	◆경 競(竞)	◆경 經(经)
◆경 輕(轻)	◆경 慶(庆)	◆계 繼(继)	◇계 階(阶)	◆계 係(系)	◇계 啓(启)	◆계 鷄(鸡)
◆계 計(计)	◇고 顧(顾)	◆고 庫(库)	◆곡 穀(谷)	◆공 貢(贡)	◆과 誇(夸)	◆과 過(过)
◆과 課(课)	◆관 貫(贯)	◆관 慣(惯)	◆관 館(馆)	◆관 寬(宽)	◆관 關(关)	◆관 觀(观)
◇광 鑛(矿)	◆광 廣(广)	◆괘 掛(挂)	◆괴 壞(坏)	◆괴 塊(块)	◆교 較(较)	◆교 矯(矫)
◆교 橋(桥)	◆구 懼(惧)	◇구 龜(龟)	◆구 鷗(鸥)	◆구 驅(驱)	◇구 構(构)	◆구 區(区)
◇구 舊(旧)	◆국 國(国)	◆군 軍(军)	◇궁 窮(穷)	◆권 勸(劝)	◆권 權(权)	◆귀 貴(贵)
◇귀 歸(归)	◆규 規(规)	◆규 閨(闺)	◇극 劇(剧)	◆극 極(极)	◆근 謹(谨)	◆근 僅(仅)
◆금 錦(锦)	◆급 級(级)	◆급 給(给)	◆기 騎(骑)	◆기 飢(饥)	◇기 棄(弃)	◆기 機(机)
◆기 氣(气)	◆기 記(记)	◇기 幾(几)	◆기 旣(既)	◆긴 緊(紧)	◆낙 諾(诺)	◆난 難(难)

◇녕寧(宁)	◆농濃(浓)	◇농農(农)	◇뇌腦(脑)	◇뇌惱(恼)	◇단壇(坛)	◆단斷(断)
◆단團(团)	◆단單(单)	◆달達(达)	◆담擔(担)	◆담談(谈)	◆당當(当)	◆대貸(贷)
◆대臺(台)	◆대隊(队)	◆대對(对)	◆도導(导)	◆도圖(图)	◆도島(岛)	◆독篤(笃)
◇독讀(读)	◆독獨(独)	◆동凍(冻)	◆동銅(铜)	◆동動(动)	◆동東(东)	◆두頭(头)
◆둔鈍(钝)	◆등燈(灯)	◆라羅(罗)	◆락絡(络)	◆락樂(乐)	◇란爛(烂)	◇란欄(栏)
◆란亂(乱)	◆란蘭(兰)	◆람濫(滥)	◆람覽(览)	◆람藍(蓝)	◆래來(来)	◆량諒(谅)
◇량糧(粮)	◆량兩(两)	◆려慮(虑)	◆려麗(丽)	◆려勵(励)	◆력曆(历)	◆력歷(历)
◇련鍊(炼)	◆련蓮(莲)	◆련憐(怜)	◆련聯(联)	◆련戀(恋)	◆련練(练)	◆련連(连)
◆렴廉(廉)	◆령嶺(岭)	◆령靈(灵)	◆령領(领)	◆례禮(礼)	◇로爐(炉)	◆로勞(劳)
◆록祿(禄)	◆록錄(录)	◆록綠(绿)	◇론論(论)	◆뢰賴(赖)	◆룡龍(龙)	◆루淚(泪)
◆루樓(楼)	◆루屢(屡)	◆류類(类)	◆륙陸(陆)	◆륜輪(轮)	◇륜倫(伦)	◆리離(离)
◇리裏(里)	◆린隣(邻)	◆림臨(临)	◆마馬(马)	◆만蠻(蛮)	◆만滿(满)	◆만萬(万)
◇매賣(卖)	◆매買(买)	◆맥脈(脉)	◆맥麥(麦)	◆면免(免)	◆멸滅(灭)	◆명銘(铭)
◆명鳴(鸣)	◆모謀(谋)	◆몰沒(没)	◆몽夢(梦)	◇묘廟(庙)	◆무貿(贸)	◆무霧(雾)
◆무務(务)	◆무無(无)	◆문門(门)	◆문聞(闻)	◆문問(问)	◆민憫(悯)	◆반盤(盘)
◆반返(返)	◆반半(半)	◆반反(反)	◆반飯(饭)	◆발拔(拔)	◆발髮(发)	◆발發(发)
◆방倣(仿)	◆방訪(访)	◆배輩(辈)	◆백栢(柏)	◆번飜(翻)	◆번煩(烦)	◆벌罰(罚)
◇범汎(泛)	◆범範(范)	◆변邊(边)	◆변辯(辩)	◆변變(变)	◆병並(并)	◆병屛(屏)
◆보譜(谱)	◆보寶(宝)	◆보補(补)	◆보報(报)	◆복複(复)	◆복復(复)	◆봉峯(峰)
◆봉鳳(凤)	◆부負(负)	◆부膚(肤)	◆부賦(赋)	◇부婦(妇)	◆분憤(愤)	◆분奮(奋)
◇분墳(坟)	◆분紛(纷)	◆비費(费)	◆비飛(飞)	◇비備(备)	◆빈頻(频)	◇빈賓(宾)

중·고등 교육용 한자 1,800字 中 간화자 비교(변형자 636字)

◆사 寫(写)	◆사 査(查)	◆사 辭(辞)	◆사 詞(词)	◆사 詐(诈)	◆사 捨(舍)	◆사 師(师)
◆사 謝(谢)	◆사 絲(丝)	◆산 産(产)	◆살 殺(杀)	◆상 狀(状)	◆상 詳(详)	◆상 償(偿)
◇상 嘗(尝)	◆상 賞(赏)	◆상 傷(伤)	◆상 喪(丧)	◆서 緖(绪)	◆서 書(书)	◆석 釋(释)
◆선 禪(禅)	◆선 線(线)	◆선 選(选)	◆설 說(说)	◆설 設(设)	◆성 誠(诚)	◇성 聖(圣)
◆성 聲(声)	◇세 歲(岁)	◆세 細(细)	◆세 勢(势)	◆세 稅(税)	◆소 燒(烧)	◆소 掃(扫)
◆소 騷(骚)	◇소 蘇(苏)	◆소 訴(诉)	◆속 屬(属)	◆속 續(续)	◆손 損(损)	◆손 孫(孙)
◆송 誦(诵)	◆송 頌(颂)	◆송 訟(讼)	◆송 送(送)	◆쇄 鎖(锁)	◆쇠 衰(衰)	◆수 帥(帅)
◆수 遂(遂)	◇수 獸(兽)	◆수 隨(随)	◆수 輸(输)	◆수 數(数)	◇수 雖(虽)	◆수 壽(寿)
◆수 須(须)	◆수 誰(谁)	◆수 樹(树)	◆숙 肅(肃)	◆순 脣(唇)	◆순 順(顺)	◆술 述(述)
◇술 術(术)	◆습 襲(袭)	◆습 濕(湿)	◇습 習(习)	◆승 僧(僧)	◆승 昇(升)	◆승 勝(胜)
◆시 詩(诗)	◆시 視(视)	◆시 試(试)	◆시 時(时)	◆식 飾(饰)	◇식 識(识)	◆식 植(植)
◆신 愼(慎)	◆실 實(实)	◇심 審(审)	◆심 尋(寻)	◆쌍 雙(双)	◆아 餓(饿)	◆아 亞(亚)
◇아 兒(儿)	◆악 惡(恶)	◆안 顔(颜)	◆알 謁(谒)	◆암 巖(岩)	◆압 壓(压)	◆애 愛(爱)
◆액 額(额)	◆약 約(约)	◆약 藥(药)	◆양 樣(样)	◆양 楊(杨)	◆양 揚(扬)	◇양 養(养)
◇양 陽(阳)	◇양 讓(让)	◆어 魚(鱼)	◆어 語(语)	◆어 漁(渔)	◇억 憶(忆)	◆억 億(亿)
◆엄 嚴(严)	◆업 業(业)	◆여 輿(舆)	◇여 與(与)	◆여 餘(馀)	◆역 驛(驿)	◆역 譯(译)
◆연 鉛(铅)	◆연 軟(软)	◆연 煙(烟)	◆열 熱(热)	◆염 鹽(盐)	◇엽 葉(叶)	◆영 詠(咏)
◆영 營(营)	◆영 榮(荣)	◆예 譽(誉)	◆예 銳(锐)	◇예 藝(艺)	◆오 鳴(呜)	◆오 娛(娱)
◆오 烏(乌)	◆오 誤(误)	◆옥 獄(狱)	◆와 臥(卧)	◆완 緩(缓)	◆요 謠(谣)	◆요 搖(摇)
◆욕 慾(欲)	◆우 郵(邮)	◇우 優(优)	◇우 憂(忧)	◆운 韻(韵)	◆운 運(运)	◆운 雲(云)
◆원 員(员)	◆원 園(园)	◇원 願(愿)	◇원 遠(远)	◆원 圓(圆)	◇위 衛(卫)	◆위 違(违)

◆위僞(伪)	◆위緯(纬)	◆위謂(谓)	◆위圍(围)	◆위爲(为)	◇위偉(伟)	◆유誘(诱)
◆유維(维)	◇유猶(犹)	◆유遺(遗)	◆윤閏(闰)	◆윤潤(润)	◆은銀(银)	◆음飮(饮)
◇음陰(阴)	◆응應(应)	◇의儀(仪)	◇의議(议)	◆의醫(医)	◇의義(义)	◆이貳(贰)
◇이異(异)	◆익益(益)	◇인認(认)	◆임賃(赁)	◆자姊(姊)	◆작爵(爵)	◆잔殘(残)
◆잠蠶(蚕)	◆잠暫(暂)	◆잠潛(潜)	◆잡雜(杂)	◆장張(张)	◆장帳(帐)	◆장裝(装)
◆장臟(脏)	◇장莊(庄)	◆장腸(肠)	◆장獎(奖)	◆장粧(妆)	◆장場(场)	◆장壯(壮)
◆장將(将)	◆장長(长)	◆재載(载)	◆재才(才)	◆재財(财)	◆쟁爭(争)	◆저貯(贮)
◇적積(积)	◆적賊(贼)	◆적蹟(迹)	◆적績(绩)	◆적跡(迹)	◇적適(适)	◇적敵(敌)
◇전轉(转)	◆전專(专)	◆전戰(战)	◇전傳(传)	◆전電(电)	◆전錢(钱)	◆절絶(绝)
◇절節(节)	◆점漸(渐)	◆점點(点)	◆정訂(订)	◆정頂(顶)	◆정靜(静)	◆정貞(贞)
◆제齊(齐)	◆제濟(济)	◆제際(际)	◆제題(题)	◆제諸(诸)	◆제製(制)	◆조組(组)
◆조弔(吊)	◇조條(条)	◆조調(调)	◆조鳥(鸟)	◆존尊(尊)	◇종縱(纵)	◆종種(种)
◇종鐘(钟)	◇종從(从)	◆주晝(昼)	◆준遵(遵)	◆준準(准)	◆중衆(众)	◆증贈(赠)
◆증憎(憎)	◆증證(证)	◆증曾(曾)	◆증增(增)	◆지遲(迟)	◆지紙(纸)	◆직織(织)
◇직職(职)	◆직直(直)	◇진陣(阵)	◆진陳(陈)	◆진鎭(镇)	◆진進(进)	◆진眞(真)
◇진盡(尽)	◆질姪(侄)	◆질質(质)	◆집執(执)	◆징懲(惩)	◆착錯(错)	◆착着(着)
◆찬讚(赞)	◆찬贊(赞)	◆참慙(惭)	◆참參(参)	◆창創(创)	◆창蒼(苍)	◆창倉(仓)
◆창滄(沧)	◆창暢(畅)	◆창窓(窗)	◆채債(债)	◆채採(采)	◆책責(责)	◆처悽(凄)
◇처處(处)	◇천薦(荐)	◆천遷(迁)	◆천賤(贱)	◆천踐(践)	◆천淺(浅)	◆철徹(彻)
◇철鐵(铁)	◆청廳(厅)	◆청聽(听)	◆청請(请)	◆체體(体)	◇초礎(础)	◆촉觸(触)
◆촉燭(烛)	◆총總(总)	◆총聰(聪)	◆총銃(铳)	◆추醜(丑)	◆축築(筑)	◇충衝(冲)

중·고등 교육용 한자 1,800字 中 간화자 비교(변형자 636字)

◆충 蟲(虫)	◆측 測(测)	◆측 側(侧)	◆층 層(层)	◇치 恥(耻)	◆치 値(值)	◆치 置(置)
◆치 齒(齿)	◆칙 則(则)	◇친 親(亲)	◆침 針(针)	◆칭 稱(称)	◇탁 濁(浊)	◇탄 歎(叹)
◇탄 彈(弹)	◇탈 奪(夺)	◇탈 脫(脱)	◆탐 貪(贪)	◇탕 湯(汤)	◇태 態(态)	◇택 澤(泽)
◇택 擇(择)	◆토 討(讨)	◆통 統(统)	◇투 鬪(斗)	◇파 罷(罢)	◆파 頗(颇)	◆판 販(贩)
◆패 貝(贝)	◆패 敗(败)	◆편 遍(遍)	◆평 評(评)	◇폐 廢(废)	◇폐 幣(币)	◆폐 閉(闭)
◆포 飽(饱)	◆풍 楓(枫)	◆풍 風(风)	◇풍 豊(丰)	◆필 畢(毕)	◆필 筆(笔)	◆학 學(学)
◇한 漢(汉)	◆한 韓(韩)	◆한 閑(闲)	◆항 項(项)	◆해 該(该)	◇향 響(响)	◇향 鄕(乡)
◆허 許(许)	◆헌 獻(献)	◇헌 憲(宪)	◆헌 軒(轩)	◆험 險(险)	◆험 驗(验)	◆현 絃(弦)
◇현 懸(悬)	◇현 縣(县)	◇현 顯(显)	◆현 現(现)	◆현 賢(贤)	◇협 脅(胁)	◆협 協(协)
◆형 螢(萤)	◇호 護(护)	◆호 號(号)	◆홍 鴻(鸿)	◆홍 紅(红)	◆화 禍(祸)	◆화 畵(画)
◆화 話(话)	◆화 貨(货)	◇화 華(华)	◇확 擴(扩)	◆확 穫(获)	◇확 確(确)	◇환 還(还)
◇환 環(环)	◆환 換(换)	◇환 歡(欢)	◇회 懷(怀)	◆회 會(会)	◆획 獲(获)	◇획 劃(划)
◆효 曉(晓)	◆훈 訓(训)	◆휘 揮(挥)	◆휘 輝(辉)	◆흥 興(兴)	◇희 戲(戏)	